Das **Kochbuch**

202 1-€-Gerichte
für sparsame Genießer

Leopold Stocker Verlag
Graz – Stuttgart

Stocker
stv

Umschlaggestaltung: Werbeagentur Rypka GmbH, 8143 Dobl/Graz
Titelbild, Umschlagrückseite und Fotos auf den Seiten 8, 22, 30, 40, 60, 74, 97,
102, 128: Bilderwerk, Wien
Foto auf der Seite 80: Mani Hausler, Wien
Alle übrigen Fotos: Thomas Böhm, Imst

Bibliografische Information Der Deutschen Bibliothek
Die Deutsche Bibliothek verzeichnet diese Publikation in der Deutschen Nationalbi-
bliografie; detaillierte bibliografische Daten sind im Internet unter
http://dnb.ddb.de abrufbar.

Hinweis: Dieses Buch wurde auf chlorfrei gebleichtem Papier gedruckt. Die zum
Schutz vor Verschmutzung verwendete Einschweißfolie ist aus Polyethylen chlor-
und schwefelfrei hergestellt. Diese umweltfreundliche Folie verhält sich grundwas-
serneutral, ist voll recyclingfähig und verbrennt in Müllverbrennungsanlagen völlig
ungiftig.

Auf Wunsch senden wir Ihnen gerne kostenlos unser Verlagsverzeichnis zu:
Leopold Stocker Verlag GmbH
Hofgasse 5 / Postfach 438
A-8011 Graz
Tel.: +43 (0)316/82 16 36
Fax.: +43 (0)316/83 56 12
E-Mail: stocker-verlag@stocker-verlag.com
www.stocker-verlag.com

ISBN 978-3-7020-1217-5
Layout und Repro: Werbeagentur Rypka GmbH, 8143 Dobl/Graz
Druck und Bindung: Druckerei Theiss GmbH., A-9431 St. Stefan i. L.

Inhalt

Vorwort

Dieses Kochbuch ist dazu gedacht, dem sparsamen Menschen zu helfen, für jede Gelegenheiten nicht nur eine günstige, sondern auch köstliche Mahlzeit zuzubereiten. In Kapitel unterteilt finden sich in dieser hilfreichen Rezeptsammlung Suppen, Eintöpfe, Nudel-, Erdäpfel- oder Gemüsegerichte, schmackhafte und zünftige Hausmannskost, köstliche Süßspeisen oder ausgewählte Nachspeisen.

Natürlich weiß der sparsame Mensch auch, in welchen Geschäften gerade Aktionen von Obst, Gemüse, Fleisch und anderen Zutaten laufen. Er scheut sich auch nicht – aber nur, wenn er die speziellen Sorten auch unterscheiden kann! –, Pilze und Beeren im Wald zu suchen. Zusätzlich kann er viel Geld sparen, wenn er einen eigenen Gemüsegarten und/oder ein Kräuterbeet hat. Ebenso gut lassen sich Kräuter in Töpfen auf dem Balkon oder auf der Fensterbank ziehen.

Diese Anleitung für gutes und günstiges Kochen ist jedoch nicht nur für sparsame Menschen gedacht, selbst wenn sich jedes Rezept auf ca. 1 Euro pro Person beläuft, sondern auch für Menschen, die einfache Rezepte schätzen und die nicht allzu viel Zeit in der Küche verbringen wollen oder können.

Wenn nicht anders angegeben, sind die Rezepte für 2 Personen berechnet, können aber auch leicht geteilt oder vervielfacht werden. Erleichternd für die Zubereitung soll die Reihenfolge der Zutaten sein, die dem jeweiligen Arbeitsablauf entsprechen.

Ich jedenfalls wünsche Ihnen viel Glück beim preiswerten Einkauf und besonders viel Freude beim Nachkochen meiner ausgewählten Rezepte.

Ihre
Elisabeth Degenhart

Zu diesem Buch

Meine Begeisterung fürs Kochen begann bereits mit 12 Jahren. Auf dem Bauernhof in Oberperfuss aufgewachsen, musste ich meine Großeltern in allen anfallenden Arbeiten unterstützen – insbesondere in der Küche. Großmutter hatte maximal 8 Gerichte, die bei uns auf den Tisch kamen. So begann ich mit der Zeit zu variieren. Bis auf einige wenige Grundnahrungsmittel hatten wir alle Lebensmittel selbst. Wir hatten die Erzeugnisse aus unserem Viehbestand, einen großen Gemüsegarten, Beerensträucher und auch viele Obstbäume. Mit unserem angebauten Gemüse entwickelte ich die vielseitigsten und schmackhaftesten Aufläufe, Eintöpfe und Pfannengerichte. Mit unseren verschiedenen Obst- und Beerensorten versuchte ich mich in den köstlichsten Nachtischen.

Mit 18 Jahren heiratete ich, bekam in den nächsten sechs Jahren vier Kinder und sah mich also mit einem 6-Personen-Haushalt konfrontiert. Sparsames Wirtschaften war angesagt, und so war ich wieder auf der Suche nach neuen Gerichten, die Abwechslung boten und vor allem für uns auch leistbar waren. Und aus Erfahrung wusste ich: Gut essen muss nicht teuer sein. Da wir weder einen Gemüsegarten noch Obstbäume hatten, begann ich, in den Geschäften Preisvergleiche anzustellen, mich auf Sonderangebote zu konzentrieren, kaufte saisonbedingt günstig auf Bauernmärkten oder direkt beim Bauern ein. Erdbeeren und Kirschen holte ich mir von Selbstpflück-Plantagen. Heidelbeeren und Pilze – meist in Verbindung mit einem Familienausflug – sammelte ich im Wald. Auf diese Weise kam ich mit meinem Haushaltsgeld auch immer gut über die Runden.

Heute sind es die ständig steigenden Lebensmittelpreise, die mich letztendlich dazu motiviert haben, meine mehr als 200 gesammelten Rezepte, die sich pro Person auf etwa 1 Euro belaufen, der breiten Öffentlichkeit zur Verfügung zu stellen.

Mein Dank zur erfolgreichen Umsetzung dieses Buches gilt meiner Lektorin Ursula Buchheister, die meine handschriftlich verfassten Rezepte erfasst, in Manuskriptform gebracht und den geeigneten Verlag für mich ausfindig gemacht hat. Ebenso möchte ich meinem Fotografen Thomas Böhm aus Imst danken. Ohne die Hilfe und Unterstützung der beiden wäre dieses Buch wohl nicht zustande gekommen – ihnen beiden mein herzlichstes Dankeschön.

Die Autorin

Elisabeth Degenhart wurde 1952 in Oberperfuss geboren. Ihre Kindheit verbrachte sie auf dem Bauernhof ihrer Großeltern. Nach dem Volksschulabschluss absolvierte sie eine Lehre als Verkäuferin im Lebensmittelbereich. Mit 18 Jahren heiratete sie, gründete eine Familie und widmete sich fortan mit Leidenschaft ihren schmackhaften und günstigen Kochvariationen. Sie lebt mit ihrem Mann in Oberperfuss und arbeitet zurzeit an ihrem Erstlingsroman, der autobiografische Züge aufweist und tiefe Einblicke in die Lebensumstände der verarmten ländlichen Gemeinschaft in den 50er- bis 80er-Jahren gewährt.

Alphabetisches Rezeptregister

🟥 Österreichische Ausdrücke

Eidotter	Eigelb
Eierspeise	Rührei
Eiklar	Eiweiß
Erdäpfel	Kartoffel
Germ	Hefe
Karfiol	Blumenkohl
Kohl	Wirsing
Faschiertes	Hackfleisch
Fisolen	grüne Bohnen
Obers	Sahne, Rahm
Paradeiser	Tomaten
Weißkraut/Rotkraut	Weißkohl/Rotkohl

Verwendete Abkürzungen

EL	Esslöffel
g	Gramm
kg	Kilogramm
l	Liter
ml	Milliliter (1000 ml = 1 l)
Msp.	Messerspitze
P.	Packung
Stk.	Stück
TL	Teelöffel

Knoblauchsuppe

- Die Knoblauchzehen schälen und klein schneiden.
- Die Brotscheiben in kleine Würfel schneiden.
- Das Öl in einem Topf erhitzen und die Brotscheiben darin knusprig braten.
- Den Topf von der Platte nehmen, das Paprikapulver dazugeben, mit der Suppe aufgießen und 10 Minuten leicht köcheln lassen.
- Das Ei mit Obers verrühren.
- Den Topf abermals von der Platte nehmen und die Ei-Obers-Mischung unter die Suppe heben.
- Mit Salz und Pfeffer abschmecken.

Zubereitungszeit ca. 25 Minuten

Zutaten für 2 Personen
3 Knoblauchzehen
4 Scheiben Weißbrot (altbacken)
3 EL Öl
1 TL Paprikapulver
500 ml Gemüsesuppe
1 Ei
160 ml Obers
Salz und Pfeffer

Grundrezepte Suppen

Klare Suppen kann man einfach und günstig selbst herstellen. Natürlich ist die Suppenwürfel-Variante die unkomplizierteste, wer aber auf handelsübliche Suppenwürze verzichten möchte, kann mit Gemüse, einem Suppenhuhn, Geflügelabschnitten oder Suppenknochen köstliche Suppen selbst zaubern!
Am besten kocht man gleich eine größere Menge, die man gut portionieren und einfrieren kann, so hat man jederzeit schnell eine klare Suppe zur Hand.

Klare Gemüsesuppe

- Das Wasser in einen großen Topf geben.
- Karotten, Sellerie, Petersilienwurzel und Lauch putzen, waschen und in das kalte Wasser geben.
- Die Zwiebel mit den Gewürznelken spicken und in die Suppe geben.
- Salzen, Liebstöckel dazugeben und 30 Minuten leicht köcheln lassen.
- Anschließend die Suppe durch ein Sieb abseihen und abschmecken.

Zubereitungszeit ca. 40 Minuten

Zutaten für 4 Personen
1 1/2 l Wasser
150 g Karotten
250 g Sellerieknolle
1 Petersilienwurzel
(evtl. mit Petersiliengrün)
1 Lauchstange
1 Zwiebel
3 Gewürznelken
Salz
1 Liebstöckel

Geflügelsuppe

Zutaten für 4 Personen
1 kg Suppenhuhn
(oder Geflügelkarkassen*)
1 1/2 l Wasser
Salz und Pfefferkörner
2 Karotten
1/2 Sellerieknolle
1 Lauchstange
1 Zwiebel
1 Zweig Liebstöckel

* Geflügelkarkassen: auch Geflügelklein genannt, damit sind Abschnitte oder Knochen von Geflügel gemeint. Diese sind in gut sortierten Supermärkten oder beim Fleischhauer (Geflügelhändler) erhältlich.

• Das Suppenhuhn (oder Geflügelkarkassen) kurz in kochendem Wasser aufwallen lassen, das Wasser abgießen und mit frischem kaltem Wasser zustellen.
• Salz und Pfefferkörner, 2 Karotten, Sellerieknolle, Lauch, Zwiebel und Liebstöckel dazugeben.
• Die Suppe nicht zu stark ca. 1 Stunde lang kochen lassen, danach durch ein Sieb abseihen und abschmecken.

Zubereitungszeit ca. 1 Stunde, 10 Minuten

Klare Knochensuppe

Zutaten für 4 Personen
1 1/2 l Wasser
3 Schweinsknochen
2 Karotten
150 g Sellerie
1 Petersilienwurzel
1 Zweig Liebstöckel
1 Zwiebel
3 Gewürznelken
5 Pfefferkörner
Salz

• Das Wasser in einen großen Topf geben.
• Die Knochen waschen, das Mark herausnehmen und in das kalte Wasser legen.
• Karotte, Sellerie und Petersilienwurzel putzen, waschen und dazugeben, Liebstöckel ebenfalls dazugeben.
• Die Zwiebel mit den Gewürznelken spicken und in die Suppe geben.
• Mit Pfefferkörnern und Salz würzen und 1 Stunde leicht köcheln lassen.
• Anschließend die Suppe durch ein Sieb abseihen und abschmecken.

Zubereitungszeit ca. 1 Stunde, 10 Minuten

Rote-Rüben-Suppe

- Die Roten Rüben waschen und etwa 50 Minuten in Wasser garen. Anschließend kalt abschrecken, schälen und klein schneiden.
- Die Erdäpfel schälen, waschen und würfelig schneiden.
- Die Zwiebel schälen und klein schneiden.
- Das Öl in einem Topf erhitzen und die Zwiebel darin anrösten.
- Die Erdäpfel und die Roten Rüben dazugeben, 3 Minuten dünsten.
- Mit der Suppe aufgießen und 15 Minuten leicht köcheln lassen.
- Zuletzt noch mit Obers verfeinern und mit Salz und Pfeffer abschmecken.

Zubereitungszeit ca. 1 Stunde, 20 Minuten

Zutaten für 2 Personen
300 g Rote Rüben
500 ml Wasser
2 Erdäpfel
1 Zwiebel
2 EL Öl
500 ml Gemüsesuppe
3 EL Obers
Salz und Pfeffer

Milzschnittensuppe

Zutaten für 4 Personen
1 Stück Schweinemilz
3 gepresste Knoblauchzehen
1/2 Bund fein geschnittene
Petersilie
Salz und Pfeffer
8 Scheiben Toast vom Weißbrot
250 ml Öl zum Ausbacken
500 ml heiße Rindsuppe

- Die Milz passieren, Knoblauch und Petersilie dazugeben. Mit Salz und Pfeffer würzen und alles gut vermischen.
- Die Toastscheiben mit der Milzmasse bestreichen, das Öl in der Pfanne erhitzen und anschließend die Toastscheiben mit der bestrichenen Seite nach unten im heißen Öl ausbacken.
- Die ausgebackenen Milzschnitten in 3 cm lange Streifen schneiden und in die heiße Rindsuppe geben.

Zubereitungszeit ca. 30 Minuten

Kuttelsuppe

Zutaten für 2 Personen
500 g gekochte Kutteln
2 EL Öl
40 g Mehl
1 l heiße Rindsuppe
Salz und Pfeffer
etwas Essig

- Die Kutteln in 2 cm große Streifen schneiden.
- Das Öl in einen Topf geben und erhitzen, das Mehl darin hellbraun anrösten.
- Mit heißer Rindsuppe aufgießen und mit Salz und Pfeffer abschmecken.
- Die Suppe mit dem Schneebesen so lange rühren, bis sich alle Mehlklümpchen aufgelöst haben. Danach die Kuttelstreifen dazugeben und 10 Minuten leicht köcheln lassen.
- Zuletzt mit einem Schuss Essig verfeinern.

Zubereitungszeit ca. 20 Minuten

Gemüsesuppe mit Nudeln

Zutaten für 2 Personen
300 g gemischtes Gemüse je
nach Saison
2 Knoblauchzehen
500 ml Gemüsesuppe
100 g Suppennudeln
Salz und Pfeffer
Schnittlauch

- Das Gemüse putzen, waschen und in einen Topf geben.
- Die Knoblauchzehen schälen, klein schneiden und zu dem Gemüse geben.
- Mit der Suppe aufgießen und 20 Minuten leicht köcheln lassen.
- Danach die Nudeln hinzufügen und noch einmal 5–7 Minuten kochen lassen.
- Mit Salz und Pfeffer würzen.
- Vor dem Servieren mit Schnittlauchröllchen bestreuen.

Zubereitungszeit ca. 35 Minuten

■ **Tipp:**
Als Alternative zu frischem Gemüse kann auch tiefgekühltes Gemüse verwendet werden.

Erbsensuppe

- Die Karotte und die Petersilienwurzel putzen, waschen und kleinwürfelig schneiden.
- Die Zwiebel schälen und klein würfeln.
- Die Margarine in einem Topf erhitzen und das klein geschnittene Gemüse darin glasig dünsten.
- Die frischen Erbsen knackig dünsten, tiefgefrorene Erbsen kurz mitdünsten.
- Mit der Suppe aufgießen und kurz aufkochen lassen, zugedeckt ca. 5 Minuten weich dünsten und mit Salz und Pfeffer würzen.
- Die Suppe pürieren und mit Obers verfeinern, vor dem Servieren mit fein gehackter Petersilie bestreuen.

Zubereitungszeit ca. 15 Minuten

Zutaten für 2 Personen
200 g Erbsen
(frisch oder tiefgefroren)
1 Karotte
1 Petersilienwurzel
1 Zwiebel
1 EL Margarine
500 ml Gemüsesuppe
Salz und Pfeffer
3 EL Obers
1 Bund Petersilie

Grießsuppe

Zutaten für 2 Personen
1/2 Zwiebel
1 EL Öl
60 g Grieß
500 ml Gemüsesuppe
Salz und Pfeffer
1 Ei

- Die Zwiebel schälen und klein schneiden.
- Das Öl in einem Topf erhitzen und die Zwiebel darin gold-gelb rösten.
- Den Grieß dazugeben, gut umrühren und mit der Suppe aufgießen.
- Mit Salz und Pfeffer würzen.
- Zuletzt das Ei verquirlen, mit einem Schneebesen einrühren und 5 Minuten leicht köcheln lassen.

Zubereitungszeit ca. 15 Minuten

Bärlauchsuppe

Zutaten für 2 Personen
50 g Bärlauch
1 kleine Zwiebel
30 g Butter
1 Knoblauchzehe
250 ml Gemüsesuppe
1 Prise Salz
100 g Weißbrot
100 g Butter
125 ml Obers

- Den Bärlauch waschen und klein hacken.
- Die Zwiebel schälen und klein schneiden.
- Butter in einem Topf heiß werden lassen, die klein ge-schnittene Zwiebel darin glasig dünsten.
- Die Knoblauchzehe schälen, zerdrücken und dazugeben.
- Den klein gehackten Bärlauch dazugeben, salzen und mit der Gemüsesuppe aufgießen, 10 Minuten köcheln lassen.
- In der Zwischenzeit das Brot klein schneiden und in Butter braun anrösten.
- Obers steif schlagen und unter die Suppe ziehen.
- Das geröstete Brot als Einlage in die Suppe geben.

Zubereitungszeit ca. 30 Minuten

Brunnenkresse-Suppe

- Gut 3/4 der Kresse von den Stielen zupfen, waschen und trocken schleudern, restliche Kresse zum Garnieren zurückbehalten.
- Die Zwiebel schälen und klein schneiden.
- Die Butter in einem Topf erhitzen, die Zwiebel darin glasig dünsten, das Mehl dazugeben und anschwitzen.
- Unter Rühren nach und nach 250 ml Suppe dazugeben, 10 Minuten leicht köcheln lassen.
- Die Kresseblätter in die Suppe geben und dann die Suppe pürieren.
- 80 ml Dickmilch und die restliche Suppe dazugeben, mit Salz und Pfeffer abschmecken.
- Vor dem Servieren mit der restlichen Dickmilch und der restlichen Kresse und Petersilie garnieren.

Zubereitungszeit ca. 20 Minuten

Zutaten für 2 Personen
1 Bund Brunnenkressse
1 kleine Zwiebel
20 g Butter
10 g Mehl
500 ml Gemüsesuppe
100 ml Dickmilch
Salz und Pfeffer

Petersilie zum Garnieren

Karfiolsuppe

Zutaten für 2 Personen
200 g Karfiol
1 Zwiebel
1 Knoblauchzehe
200 g Sellerie
500 ml Gemüsesuppe
Salz und Pfeffer
160 ml Dickmilch

- Den Karfiol waschen und klein schneiden.
- Die Zwiebel schälen und klein hacken.
- Die Knoblauchzehe schälen und fein schneiden.
- Die Sellerie schälen und in kleine Würfel schneiden.
- Das vorbereitete Gemüse in einen Topf geben, mit der Suppe aufgießen und mit Salz und Pfeffer würzen.
- Bei kleiner Hitze 15 Minuten köcheln lassen. Anschließend die Suppe pürieren.
- Zuletzt noch die Dickmilch daruntermischen.
- Heiß servieren.

Zubereitungszeit ca. 35 Minuten

Gurkensuppe

Zutaten für 2 Personen
500 ml Gemüsesuppe
1 mittelgroße Salatgurke
1 EL Margarine
1 EL Mehl
1 Eidotter
2 EL Obers
Salz und Pfeffer
1 Bund Dill

- Die Gemüsesuppe erhitzen.
- Die Gurke waschen, der Länge nach halbieren, die Kerne mit einem Löffel herausschaben und die Gurkenhälften kleinwürfelig schneiden.
- Die Margarine in einer Pfanne erhitzen und die Gurkenwürfel darin glasig dünsten, mit Mehl stauben und unterrühren.
- Mit der Suppe aufgießen und 5 Minuten leicht köcheln lassen.
- Den Eidotter mit Obers verrühren und unter die Suppe heben – nicht mehr aufkochen lassen!
- Mit Salz und Pfeffer würzen und vor dem Servieren mit klein geschnittenem Dill bestreuen.

Zubereitungszeit ca. 25 Minuten

Buttermilchsuppe

- Die Erdäpfel schälen, waschen, kleinwürfelig schneiden und in Salzwasser weich kochen.
- Das Mehl mit 2 EL Buttermilch glatt rühren.
- Das Brot in kleine Würfel schneiden und in 1 EL Margarine knusprig braten.
- Die Zwiebel schälen und klein schneiden, die Petersilie fein hacken.
- 1 EL Margarine in einem Topf erhitzen, die Zwiebelstückchen und die Petersilie darin andünsten.
- Die Buttermilch und das angerührte Mehl hinzufügen und heiß werden lassen. Nicht kochen!
- Erdäpfel dazugeben, mit Salz, Pfeffer und Kümmel würzen.
- Die angerösteten Brotwürfel auf Tellern anrichten und mit der Suppe übergießen.
- Vor dem Servieren mit Schnittlauchröllchen bestreuen.

Zubereitungszeit ca. 35 Minuten

Zutaten für 2 Personen
200 g Erdäpfel
2 EL Mehl
1 Scheibe Schwarzbrot
2 EL Margarine
1 Zwiebel
1/2 Bund Petersilie
500 ml Buttermilch
Salz und Pfeffer
1/4 TL Kümmel
1/2 Bund Schnittlauch

Früchtesuppe

Zutaten für 2 Personen
1/4 Ananas
1 Banane
1 EL Butter
500 ml Gemüsesuppe
Salz und Pfeffer
125 ml Obers

- Die Ananas der Länge nach in Spalten schneiden, das Fruchtfleisch von der Schale lösen und in 1 cm dicke Stücke schneiden.
- Die Banane schälen und in 1 cm dicke Scheiben schneiden.
- Die Butter in einem Topf erhitzen und die Ananasstücke zusammen mit den Bananenscheiben darin kurz anbraten.
- Mit der Suppe aufgießen und 15 Minuten leicht köcheln lassen.
- Zuletzt die Suppe pürieren, mit Salz und Pfeffer abschmecken und mit Obers verfeinern.

Zubereitungszeit ca. 30 Minuten

Fisolensuppe

Zutaten für 2 Personen
2 Erdäpfel
1 Zwiebel
3 Knoblauchzehen
2 EL Öl
250 ml Gemüsesuppe
250 g Paradeiser
1 TL Paprikapulver
500 g gekochte Fisolen
Salz und Pfeffer

- Die Erdäpfel schälen, waschen und in kleine Würfel schneiden, Zwiebel schälen und klein hacken, Knoblauchzehen schälen und klein schneiden.
- Das Öl in einem Topf erhitzen, die Zwiebel und die Knoblauchzehen darin anbraten.
- Die Erdäpfel dazugeben, mit der Suppe aufgießen und 5 Minuten kochen lassen.
- Den Stielansatz aus den Paradeisern herausschneiden und die Haut auf der gegenüberliegenden Seite über Kreuz einritzen. Die Paradeiser kurz in kochendes Wasser legen, kalt abschrecken und enthäuten.
- Danach die Paradeiser klein schneiden und in die Suppe geben, das Paprikapulver unterrühren.
- Die knackig gekochten Fisolen abtropfen lassen und in die Suppe geben.
- Die Suppe noch einmal aufkochen lassen und mit Salz und Pfeffer würzen.

Zubereitungszeit ca. 20 Minuten

Erdäpfelsuppe mit Eierschwammerln

- Die Erdäpfel schälen, waschen und kleinwürfelig schneiden.
- Die Eierschwammerln putzen und, wenn nötig, klein schneiden.
- Das Öl in einem Topf erhitzen, Erdäpfel und Pilze hinzufügen, kurz durchrösten und mit der Suppe aufgießen.
- Mit Salz, Pfeffer und geriebener Muskatnuss würzen, 20 Minuten leicht köcheln lassen.
- Zuletzt noch mit Obers verfeinern.
- Vor dem Servieren mit fein gehackter Petersilie bestreuen.

Zubereitungszeit ca. 35 Minuten

Zutaten für 2 Personen
200 g Erdäpfel
200 g Eierschwammerln
2 EL Öl
500 ml Gemüsesuppe
Salz und Pfeffer
2 Prisen ger. Muskatnuss
2 EL Obers
1 Bund Petersilie

Gerstensuppe

Zutaten für 2 Personen
1/2 Zwiebel
1 Karotte
50 g Sellerieknolle
80 g Gerste
500 ml Gemüsesuppe
50 g Bauchspeck
1 EL Öl
1/2 Bund Schnittlauch

- Die Zwiebel schälen und klein schneiden.
- Die Karotte putzen, waschen und klein schneiden.
- Den Sellerie schälen und klein schneiden.
- Die Gerste und das Gemüse in der Suppe zum Kochen bringen, bei milder Hitze ca. 30 Minuten kochen lassen.
- Den Speck kleinwürfelig schneiden, das Öl in einer Pfanne erhitzen und den Speck darin anrösten.
- Zuletzt den gerösteten Speck in die Suppe mischen.
- Vor dem Servieren mit Schnittlauchröllchen bestreuen.

Zubereitungszeit ca. 45 Minuten

Sauerkrautsuppe

Zutaten für 2 Personen
200 g Schweinebauch
1 Zwiebel
200 g Sauerkraut
50 g Margarine
Salz und Pfeffer
1/4 TL Kümmel
1 TL Paprikapulver
3/4 l Gemüsesuppe
2 EL Obers

- Das Fleisch in kleine Stücke schneiden.
- Die Zwiebel schälen und klein hacken.
- Das Sauerkraut zerkleinern.
- Die Margarine in einem Topf heiß werden lassen und das Fleisch darin gut anbraten.
- Zwiebel dazugeben, mit Salz und Pfeffer würzen.
- Das Sauerkraut daruntermischen, mit Kümmel und Paprikapulver würzen.
- Mit der Suppe aufgießen und ca. 45 Minuten leicht köcheln lassen.
- Zuletzt noch mit Obers verfeinern.

Zubereitungszeit ca. 70 Minuten

Spargelcremesuppe

Zutaten für 2 Personen
200 g frischer Spargel
50 g Butter
1 EL Mehl
250 g Gemüsesuppe
Salz
1 Eidotter
125 ml Obers

- Den Spargel waschen, schälen und in kleine Stücke schneiden. Spargelspitzen zur Seite legen.
- Butter in einem Topf heiß werden lassen, das Mehl darin anschwitzen und mit Gemüsesuppe aufgießen.
- Spargelstücke samt Spargelschalen hinzufügen, salzen und zugedeckt ca. 20 Minuten garen.
- Spargelspitzen in 100 ml Wasser kurz andünsten.
- Die Suppe durch ein Sieb passieren, den Eidotter im Obers verrühren, die Suppe damit binden.
- Spargelspitzen als Einlage in die Suppe geben.

Zubereitungszeit ca. 30 Minuten

Puszta-Suppe

- Die Zwiebel schälen und klein schneiden.
- Die Butter in einem Topf erhitzen, die Zwiebelstückchen darin glasig dünsten.
- Das Suppenfleisch dazugeben und mit Wasser aufgießen.
- Das Fleisch ca. 1 Stunde kochen lassen, danach das Fleisch herausnehmen und klein würfeln, anschließend die Fleischwürfel wieder in die Suppe geben.
- Den Lauch putzen, waschen und klein schneiden, die Chilischote klein schneiden und zusammen mit dem Lauch in die Suppe geben.
- Die Suppe mit Salz und Pfeffer abschmecken und bei milder Hitze noch einmal 1/2 Stunde kochen lassen.
- Das Tomatenmark mit Mehl verrühren und unter die Suppe mischen, kurz aufkochen lassen, zuletzt noch mit Obers verfeinern.

Zubereitungszeit ca. 1 Stunde, 45 Minuten

Zutaten für 2 Personen
200 g Suppenfleisch
1 Zwiebel
2 TL Butter
500 ml Wasser
150 g Lauch
1 Chilischote
Salz und Pfeffer
2 EL Tomatenmark
1 EL Mehl
60 ml Obers

Bunter Gemüseeintopf mit Speckkrusteln

- Erdäpfel waschen, schälen und in Würfel schneiden.
- Weißkraut in dünne Streifen schneiden.
- Die halbierten Paprikaschoten entkernen, waschen und in Stücke oder Streifen schneiden.
- Das Öl in einem Topf erhitzen, Erdäpfel und Kraut darin gut durchrösten.
- Die Paprikastückchen hinzufügen und mit der Suppe aufgießen, ca. 10 Minuten köcheln lassen.
- Brokkoli putzen und in kleine Röschen zerteilen.
- Paprikapulver und Brokkoli dazugeben, nur noch kurz köcheln lassen (das Gemüse soll noch knackig sein).
- Die Speckscheiben in der Pfanne knusprig anbraten.
- Den Gemüseeintopf anrichten und mit den gerösteten Speckkrusteln garnieren.

Zubereitungszeit ca. 40 Minuten

Zutaten für 2 Personen
200 g Erdäpfel
300 g Weißkraut
jeweils 1/2 rote, grüne und gelbe Paprikaschote
2 EL Öl
500 ml Gemüsesuppe
200 g Brokkoli
1/2 TL Paprikapulver
4 Scheiben Bauchspeck

Fisolen-Erdäpfel-Eintopf

- Die Fisolen waschen, putzen und in mundgerechte Stücke brechen.
- Die Erdäpfel schälen, waschen und achteln.
- Die Zwiebel schälen, klein schneiden und in heißem Öl anrösten.
- Erdäpfel und Fisolen dazugeben. Paprikapulver daruntermischen und mit der Gemüsesuppe aufgießen. 20 Minuten leicht köcheln lassen.
- Klein geschnittene Petersilie dazugeben und mit Kümmel, Salz und Pfeffer würzen.
- Zuletzt das Maisstärkepulver in 4 EL Wasser anrühren und unter den Eintopf rühren.
- Einmal kurz aufkochen lassen und heiß servieren.

Zubereitungszeit ca. 35 Minuten

Zutaten für 2 Personen
200 g Fisolen
200 g mittelgroße Erdäpfel
1 Zwiebel
2 EL Öl
1 EL Paprikapulver
500 ml Gemüsesuppe
1/2 Bund Petersilie
1/2 TL Kümmel
Salz und Pfeffer
1/2 EL Maisstärkepulver

Linseneintopf

Zutaten für 2 Personen
200 g Linsen
700 ml Wasser
200 g Suppengrün
(Lauch, Sellerie, Karotten)
1 Zwiebel
2 TL Tomatenmark
1 Suppenwürfel
1/2 TL Paprikapulver
Salz
1 zerdrückte Knoblauchzehe
50 g klein geschnittene
Hartwurst
2 TL geschnittene Petersilie

- Die Linsen über Nacht in einem Topf mit 500 ml Wasser quellen lassen.
- Das Suppengrün putzen, waschen und in feine Streifen schneiden.
- Die Zwiebel schälen und klein schneiden.
- Die eingeweichten Linsen in 200 ml Wasser aufkochen, das Suppengrün, die Zwiebel und das Tomatenmark dazugeben. Etwa 15 Minuten leicht köcheln lassen.
- Den Suppenwürfel zerkleinern und mit dem Paprikapulver, Salz und der Knoblauchzehe in den Eintopf geben.
- Zuletzt die Hartwurst kurz abrösten und mit der geschnittenen Petersilie in den Eintopf geben.
- Heiß servieren.

Zubereitungszeit ca. 30 Minuten

Linsen über Nacht einweichen

Kürbis-Erdäpfel-Eintopf

Zutaten für 2 Personen
400 g Kürbis
2 Erdäpfel
1 Zwiebel
120 ml Öl
1 TL Paprikapulver
1/2 TL Chilipulver
1 TL Zucker
Salz und Pfeffer
1 Lorbeerblatt
1 Msp. Majoran
250 ml Wasser

- Kürbis schälen, das Kürbisfleisch und die geschälten und gewaschenen Erdäpfel in 3 cm große Stücke schneiden.
- Die Zwiebel schälen, klein schneiden und in einem Topf mit heißem Öl goldgelb anrösten, die Erdäpfelwürfel dazugeben und 3 Minuten mitrösten.
- Den Topf von der Platte nehmen und die Gewürze daruntermischen, das Ganze mit Wasser aufgießen und 5 Minuten kochen lassen.
- Die Kürbisstücke dazugeben und 7 Minuten langsam köcheln lassen.

Zubereitungszeit ca. 20 Minuten

Chinakohlpfanne

- Chinakohl fein schneiden.
- Die Erdäpfel schälen und grob raspeln.
- Das Öl in einem Topf heiß werden lassen, die Erdäpfel darin kurz andünsten. Mit der Suppe aufgießen und mit den klein geschnittenen Knoblauchzehen, Salz und Pfeffer würzen. 10 Minuten leicht köcheln lassen.
- Die Würstchen in dünne Scheiben schneiden und zusammen mit dem Chinakohl beigeben.
- Den Eintopf noch weitere 3 Minuten köcheln lassen.

Zubereitungszeit ca. 20 Minuten

Zutaten für 2 Personen
400 g Chinakohl
150 g Erdäpfel
2 EL Öl
ca. 125 ml Rindsuppe (Würfel)
2 Knoblauchzehen
Salz und Pfeffer
1 Paar Frankfurter Würstel

Wirsingkohleintopf

Zutaten für 2 Personen
1 großer Erdapfel
1 Zwiebel
2 EL Öl
Salz und Pfeffer
2 zerdrückte Knoblauchzehen
2 EL Tomatenmark
500 ml Fleischsuppe
200 g Wirsingkohl
50 g Reis

- Den Erdapfel schälen, waschen und kleinwürfelig schneiden.
- Die Zwiebel schälen und klein hacken.
- Erdapfel und Zwiebel in heißem Öl anbraten, mit Salz, Pfeffer und Knoblauch würzen. Tomatenmark unterrühren und mit der Suppe aufgießen.
- Den Kohl waschen, in Streifen schneiden und in die Suppe geben. Anschließend den gewaschenen Reis dazugeben und 15 Minuten leicht köcheln lassen.

Zubereitungszeit ca. 25 Minuten

Nudeleintopf

Zutaten für 2 Personen
150 g gemischtes Faschiertes
40 g Semmelbrösel
1 Ei
3 zerdrückte Knoblauchzehen
Salz und Pfeffer
1 Zwiebel
2 EL Öl
250 ml Rindsuppe
100 g Hörnchennudeln
2 Paradeiser

- Das Faschierte mit Semmelbröseln, Ei, Knoblauch, Salz und Pfeffer gut verkneten und 6 Knödelchen formen.
- Die Zwiebel schälen, klein schneiden, in einem Topf in heißem Öl anbraten und mit der Suppe aufgießen.
- Die Knödel dazugeben, kurz aufkochen lassen und die Nudeln beigeben. Mit Salz und Pfeffer würzen, 15 Minuten leicht köcheln lassen.
- Die Paradeiser schälen, entkernen, klein schneiden und in den Eintopf geben.
- Sofort servieren.

Zubereitungszeit ca. 40 Minuten

Deftiger Bohneneintopf

Zutaten für 2 Personen
300 g Speck
2 Zwiebeln
300 g weiße Bohnen (Dose)
1/2 EL Weizenmehl
250 ml Gemüsesuppe

- Den Speck würfelig schneiden, in eine heiße Pfanne geben und durchrösten.
- Die Zwiebeln klein schneiden, zum Speck geben und glasig anschwitzen.
- Die Bohnen dazugeben, kurz umrühren.
- Das Ganze mit Mehl stauben, umrühren und mit der Suppe aufgießen.
- Den Eintopf bei kleiner Hitze noch 5–10 Minuten garen.
- Dazu passen Salzerdäpfel.

Zubereitungszeit ca. 20 Minuten

Omas Krautgulasch

- Das Weißkraut in 2 cm breite Streifen schneiden, die Paprikaschote halbieren, entkernen, waschen und in Streifen schneiden.
- Die Zwiebel schälen, würfelig schneiden und in einem Topf mit heißem Öl glasig dünsten, das Kraut und die Paprikastreifen dazugeben und alles unter gelegentlichem Umrühren schmoren lassen.
- Die Paradeiser waschen, grob würfelig schneiden und unter das geschmorte Gemüse heben.
- Mit Paprikapulver und Kümmel würzen, mit Mehl stauben und alles gut umrühren. Mit Salz und Pfeffer abschmecken und weich dünsten.
- Dazu passen Salz- oder Petersilienerdäpfel.

Zubereitungszeit ca. 25 Minuten

Zutaten für 2 Personen
1 Weißkrautkopf (ca. 400 g)
1 grüne Paprikaschote
1 Zwiebel
2 EL Öl
2 Paradeiser
2 EL Paprikapulver
1/2 TL Kümmel
1 TL Mehl
Salz und Pfeffer

Gemüsegulasch

Zutaten für 2 Personen
1 Zwiebel
300 g Fisolen
je 1 rote und grüne Paprikaschote
2 EL Öl
1/2 Tasse Wasser
2 TL Paprikapulver
1 Suppenwürfel
150 g Paradeiser
1 EL gehackte Kräuter

- Die Zwiebel schälen und klein schneiden.
- Die Fisolen waschen, putzen und in 3 cm breite Stücke brechen.
- Die Paprikaschoten halbieren, entkernen, waschen und in Streifen schneiden.
- Die Zwiebel in Öl glasig dünsten und mit Wasser aufgießen.
- Die Fisolen und die Paprikastreifen dazugeben, Paprikapulver und den Suppenwürfel unterrühren. Das Ganze 30 bis 40 Minuten dünsten lassen.
- Die Paradeiser waschen und achteln und mit den Kräutern unter das Gulasch mischen.
- Alles noch 5 Minuten ziehen lassen.
- Dazu passen Salzerdäpfel.

Zubereitungszeit ca. 1 Stunde

Bunter
Erdäpfel-Linsen-Eintopf

Zutaten für 2 Personen
150 g Linsen
(über Nacht einweichen)
400 g Erdäpfel
60 g Speck
2 Zwiebeln
1 TL Öl
500 ml Rindsuppe (Würfel)
1/2 TL Paprikapulver
Salz und Pfeffer
4 dünne Bauchspeckscheiben
etwas Schnittlauch

- Die eingeweichten Linsen abseihen.
- Die Erdäpfel schälen, waschen und würfelig schneiden.
- Den Speck klein schneiden.
- Die Zwiebeln schälen, klein hacken und in heißem Öl mit dem Speck anbraten.
- Die Erdäpfelwürfel hinzugeben und mit Suppe aufgießen.
- Die Linsen in die Suppe geben und mit Paprikapulver, Salz und Pfeffer würzen.
- 20 Minuten leicht köcheln lassen.
- Mit knusprig gebratenen Speckscheiben anrichten und mit Schnittlauchröllchen bestreuen.

Zubereitungszeit ca. 35 Minuten

Serbischer Eintopf

- Die Zwiebel schälen, klein schneiden und in einem Topf in heißem Öl anbraten.
- Faschiertes dazugeben und gut durchrösten. Mit Wasser aufgießen.
- Die klein geschnittenen Erdäpfel und die würfelig geschnittene Paprikaschote dazugeben.
- Mit gepresstem Knoblauch, Paprikapulver, Salz, Pfeffer, Kümmel und Majoran würzen.
- Den Eintopf bei kleiner Hitze 20 Minuten köcheln lassen.
- Zuletzt die Bohnen untermischen, kurz aufkochen lassen und heiß servieren.

Zubereitungszeit ca. 40 Minuten

Zutaten für 2 Personen
1 Zwiebel
2 EL Öl
200 g Faschiertes
500 ml Wasser
150 g Erdäpfel
1 grüne Paprikaschote
2 Knoblauchzehen
1 EL Paprikapulver
Salz und Pfeffer
2 Msp. Kümmelpulver
1 Msp. Majoran
1 kleine Dose weiße Bohnen

Gefüllte Käseerdäpfel

- Die Erdäpfel gründlich waschen und in Salzwasser weich kochen.
- Die Erdäpfel auskühlen lassen, der Länge nach halbieren, mit einem Löffel das Erdäpfelfleisch aushöhlen und die ausgehöhlten Erdäpfelhälften beiseite stellen.
- Das Erdäpfelfleisch mit der Gabel zerdrücken und mit zerlassener Butter mischen.
- Die Champignons waschen und klein hacken.
- Die Zwiebel schälen, klein schneiden und in einer Pfanne in heißem Öl anrösten.
- Die Pilze dazugeben und weich dünsten.
- Das Erdäpfelfleisch daruntermischen. Knoblauch und Petersilie hinzufügen, mit Salz und Pfeffer würzen.
- Die ausgehöhlten Erdäpfelhälften mit der Erdäpfelmasse füllen und mit Käse bestreuen.
- In eine ausgebutterte Form geben und im Backofen bei 200 °C ca. 25 Minuten überbacken.
- Mit grünem Salat servieren.

Zubereitungszeit ca. 55 Minuten
Wartezeit ca. 15 Minuten

Zutaten für 2 Personen
2 große Erdäpfel
Salz
40 g Butter
50 g Champignons
1 Zwiebel
2 EL Öl
2 zerdrückte Knoblauchzehen
1/2 Bund Petersilie
Salz und Pfeffer
Margarine für die Form
50 g geriebenen Emmentaler

Braterdäpfel mit Roten Rüben

- Die bereits am Vortag gekochten Erdäpfel schälen und in Würfel schneiden.
- Butter in der Pfanne heiß werden lassen und die Erdäpfelwürfel darin goldgelb braten.
- Die Roten Rüben ca. 50 Minuten kochen, kalt abschrecken und schälen, anschließend in feine Streifen schneiden.
- Mit Salz, 1 Prise Zucker und Kümmel würzen. Öl und Essig daruntermischen.
- Die Braterdäpfel anrichten und mit den Roten Rüben servieren.

Zubereitungszeit ca. 1 Stunde, 20 Minuten

Zutaten für 2 Personen
600 g Erdäpfel
50 g Butter
300 g Rote Rüben
Salz
1 Prise Zucker
1/2 TL Kümmel
Öl
Essig

Erdäpfel
mit Brokkoli

Zutaten für 2 Personen
400 g Erdäpfel
300 g Brokkoli
1 EL Butter
2 EL Mehl
2 EL Obers
500 ml Gemüsesuppe
Salz und Pfeffer
1 Msp. Muskat

- Die Erdäpfel schälen, waschen, vierteln und in Salzwasser weich kochen.
- Den Brokkoli putzen und schneiden und 10 Minuten garen lassen.
- Die Butter in einem Topf zergehen lassen, das Mehl unterrühren und anschwitzen lassen.
- Den Topf vom Herd nehmen, Obers dazugeben und glatt rühren.
- 125 ml Brokkolisud dazugeben und mit der Suppe aufgießen.
- Bei schwacher Hitze ein paar Minuten köcheln lassen. Anschließend mit Salz, Pfeffer und Muskat würzen.
- Die Erdäpfel und den Brokkoli anrichten und mit der Sauce übergießen.

Zubereitungszeit ca. 45 Minuten

Erdäpfellaibchen
mit Faschiertem

Zutaten für 2 Personen
250 g Erdäpfel
150 g Faschiertes
1 Ei
1/4 Bund Petersilie
2 zerdrückte Knoblauchzehen
1 Suppenwürfel
Salz und Pfeffer
125 ml Öl zum Braten

- Erdäpfel in Salzwasser kochen, schälen und kalt stellen.
- Faschiertes mit Ei, fein geschnittener Petersilie, Knoblauch und zerkleinertem Suppenwürfel vermischen und mit Salz und Pfeffer würzen.
- Erdäpfel klein schneiden und unter die Fleischmasse mischen.
- Kleine Laibchen formen und in einer Pfanne mit heißem Öl beidseitig langsam herausbraten.

Zubereitungszeit ca. 50 Minuten
Wartezeit ca. 20 Minuten

Erdäpfelgratin

- Die Erdäpfel in Salzwasser kochen, schälen und durch die Erdäpfelpresse drücken.
- Butter, Eidotter, Obers, Muskat und den Reibkäse unterrühren.
- Das Eiklar steif schlagen und unterheben.
- Die Masse in eine ausgebutterte Auflaufform geben.
- Mit einem Löffel zwei Vertiefungen bilden, in jede 1 rohes Ei schlagen und leicht salzen.
- Den Käse mit den Bröseln mischen und darüberstreuen.
- Butterflöckchen darüber verteilen.
- Das Gratin im vorgeheizten Backofen bei 200 °C ca. 20 Minuten backen.

Zubereitungszeit ca. 55 Minuten

Zutaten für 2 Personen
400 g Erdäpfel
30 g Butter
1 Eidotter
3 EL Obers
etwas Muskat
40 g Reibkäse
1 Eiklar
2 EL Margarine für die Form
2 Eier
1 TL Salz
80 g Reibkäse
5 EL Brösel
20 g Butterflöckchen

Erdäpfelpizza

Zutaten für 2 Personen
500 g Erdäpfel
150 g Mehl
50 g Trockenhefe
2 EL Öl
Salz und Pfeffer
etwas Muskat
1/2 Tasse Wasser
200 g Paradeiser
1 Zwiebel
2 EL Margarine zum Ausbuttern
1 TL Oregano
1/4 Bund Petersilie

- Die Erdäpfel in Salzwasser kochen, abseihen, schälen und stehen lassen.
- Mehl, Trockenhefe und das Öl in eine Schüssel geben. Mit Salz, Pfeffer und Muskat würzen, mit Wasser angießen. Das Ganze zu einem Teig verkneten. Den Teig zudecken und an einem warmen Ort stehen lassen, bis er zur doppelten Menge aufgegangen ist.
- Erdäpfel und Paradeiser in Scheiben schneiden. Zwiebel fein hacken.
- Den Teig ausrollen und auf das ausgebutterte Backblech legen, mit Erdäpfeln und Paradeiser schichtweise belegen.
- Mit der klein geschnittenen Zwiebel bestreuen, mit Salz und Pfeffer, Oregano und fein geschnittener Petersilie würzen. Die Pizza bei 180 °C 25 bis 30 Minuten backen.

Zubereitungszeit ca. 1 Stunde, 10 Minuten
Wartezeit ca. 30 Minuten

Salzerdäpfel mit Grünkernsauce

Zutaten für 2 Personen
500 g Erdäpfel
2 Zwiebeln
1 TL Margarine
70 g Grünkern
125 ml Gemüsesuppe
200 g Staudensellerie
125 ml Milch
Salz und Pfeffer
1/2 TL Paprikapulver
100 g Paradeiser

- Erdäpfel in Salzwasser kochen, schälen und warm stellen.
- Zwiebeln schälen und klein schneiden, in der Pfanne mit Margarine erhitzen und den Grünkern darin anschwitzen. Die Gemüsesuppe dazugießen, zum Kochen bringen und bei kleiner Hitze 30 Minuten quellen lassen.
- Staudensellerie waschen, in kleine Stücke schneiden und zum Grünkern geben.
- Nach der Garzeit die Milch einrühren. Mit Salz, Pfeffer und Paprikapulver würzen.
- Die Paradeiser enthäuten, in Würfel schneiden und in die fertige Grünkernsauce rühren.
- Salzerdäpfel anrichten und mit Grünkernsauce garnieren.

Zubereitungszeit ca. 40 Minuten
Wartezeit ca. 30 Minuten

Reibetascherln

- Die Erdäpfel kochen, schälen und durch die Erdäpfelpresse drücken.
- Die Zwiebel fein hacken, die Knoblauchzehe durch die Knoblauchpresse drücken und beides zur Erdäpfelmasse geben.
- Die Wurst klein schneiden und zusammen mit dem Ei, Muskat, Kümmel und Salz unter die Erdäpfelmasse mischen.
- Kleine Laibchen formen und in Öl ausbacken.
- Dazu passt Kompott oder auch Sauerkraut.

Zubereitungszeit ca. 35 Minuten

Zutaten für 2 Personen
400 g Erdäpfel
1 Zwiebel
1 Knoblauchzehe
1 Ei
1 Msp. ger. Muskat
1/2 TL Kümmel
Salz
50 g Wurst nach Wahl
125 ml Öl zum Ausbacken

Folienerdäpfel mit Kräutersauce

Zutaten für 2 Personen
500 g Erdäpfel
Margarine zum Einfetten
Salz und Pfeffer
1 EL Kümmel (ganz)

Alufolie

Kräutersauce
150 g Topfen
125 ml Sauerrahm
Salz und Pfeffer
gemischte Kräuter nach Wahl
(Brunnenkresse, Dill, Petersilie,
Schnittlauch)

- Die Erdäpfel unter fließendem Wasser gründlich abbürsten, Folie in entsprechend große Stücke schneiden und auf der Innenseite einfetten. Die Erdäpfel einzeln auf die Folienstücke legen und mit Salz, Pfeffer und Kümmel bestreuen.
- Anschließend die Erdäpfel in die Folie einwickeln und im vorgeheizten Backofen bei 180 °C 30 bis 40 Minuten garen.
- In der Zwischenzeit den Topfen mit dem Sauerrahm verrühren. Mit Salz und Pfeffer würzen und die gehackten frischen Kräuter hinzufügen.
- Die Erdäpfel aus dem Ofen nehmen, Folie etwas öffnen, Erdäpfel kreuzweise einschneiden und leicht zusammendrücken, sodass etwas Erdäpfelfleisch herausquillt.
- Mit der Kräutersauce überziehen und heiß servieren.

Zubereitungszeit ca. 50 Minuten

Erdäpfelnudeln mit Käsesauce

Zutaten für 2 Personen
500 g Erdäpfel
150 g Mehl
2 EL gehackte Kräuter (Petersilie, Basilikum)
Salz

Käsesauce
3 zerdrückte Knoblauchzehen
1 EL Butter
125 ml Rindsuppe
60 ml Milch
50 g Goudakäse
Salz und Pfeffer

- Die Erdäpfel in Salzwasser kochen, schälen und durch die Erdäpfelpresse drücken. Mehl, Kräuter und Salz dazugeben und zu einem Teig kneten. Aus dem Teig eine 2 cm dicke Rolle formen. Die Teigrolle in 1 cm breite Stücke schneiden und zu Nudeln rollen.
- Die Nudeln in kochendes Salzwasser ca. 4 Minuten langsam kochen lassen. Abseihen und warm stellen.
- Für die Käsesauce die Knoblauchzehen in Butter anschwitzen, mit Suppe und Milch aufgießen, den würfelig geschnittenen Käse dazugeben und unter ständigem Rühren schmelzen lassen. Mit Salz und Pfeffer würzen.
- Erdäpfelnudeln anrichten und mit der Sauce übergießen.

Zubereitungszeit ca. 40 Minuten

Dampfnudeln

- Die Erdäpfel in Salzwasser kochen, schälen und durch die Erdäpfelpresse drücken. Mit Salz, Ei und Mehl zu einem Teig kneten und mit Muskat würzen.
- Eine Rolle formen und in 3 cm dicke Stücke schneiden.
- Butter in einer Pfanne heiß werden lassen, die Nudeln darin beidseitig goldgelb anbraten.
- Die Milch aufgießen, die Pfanne zudecken und ein paar Minuten dampfen lassen.

Zubereitungszeit ca. 40 Minuten

Zutaten für 2 Personen
300 g Erdäpfel
Salz
1 Ei
150 g Mehl
1 Msp. ger. Muskat
Butter zum Ausbacken
125 ml Milch

Braterdäpfel mit Krautsalat

Zutaten für 2 Personen
600 g Erdäpfel
50 g Butter
1 Zwiebel
Salz und Pfeffer
Kümmel

Krautsalat
1 kleiner Kopf Weißkraut
(ca. 300 g)
Salz
Öl
Essig

• Die bereits am Vortag gekochten Erdäpfel schälen und in nicht zu dünne Scheiben schneiden.
• Butter in der Pfanne heiß werden lassen und die Erdäpfelscheiben darin goldgelb braten.
• Die klein geschnittene Zwiebel dazugeben und mit Salz, Pfeffer und Kümmel würzen.
• Für den Krautsalat Weißkraut in Stücke schneiden und fein schneiden, mit Salz bestreuen und so lange mit den Händen durchkneten, bis sich etwas Saft bildet. Öl und Essig daruntermischen.
• Braterdäpfel anrichten und mit dem Krautsalat servieren.

Zubereitungszeit ca. 20 Minuten

Überbackene Erdäpfel

Zutaten für 2 Personen
500 g Erdäpfel
Margarine zum Ausbuttern
4 Paradeiser
Salz und Pfeffer
1 TL Oregano
1 TL Basilikum
150 g Mozzarella

• Die Erdäpfel in Salzwasser weich kochen, abgießen und auskühlen lassen.
• Anschließend die Erdäpfel halbieren und auf ein bebuttertes Backblech legen.
• Die Paradeiser in Scheiben schneiden und je eine Scheibe auf die Erdäpfelhälften legen.
• Mit Salz und Pfeffer, Oregano und Basilikum bestreuen.
• Den Mozzarella in feine Scheiben schneiden und auf die Paradeiser legen.
• Die Erdäpfelhälften im vorgeheizten Backofen bei 180 °C ca. 10 Minuten backen.
• Die überbackenen Erdäpfel anrichten und mit Salat servieren.

Zubereitungszeit ca. 1 Stunde

Rösterdäpfel mit Kalbszunge

- Die Erdäpfel in Salzwasser kochen, auskühlen lassen.
- Für die Sauce das Öl in einer Pfanne erhitzen, die klein geschnittene Zwiebel und die gepressten Knoblauchzehen darin goldgelb anrösten.
- Die Zunge in 2 cm breite Streifen schneiden und kurz mitrösten.
- Mit der Suppe aufgießen und ca. 10 Minuten leicht köcheln lassen.
- Zuletzt noch mit Obers verfeinern, anschließend warm stellen.
- Erdäpfel schälen und in Scheiben schneiden.
- Das Öl in einer Pfanne erhitzen, Erdäpfelscheiben dazugeben, mit Salz, Pfeffer und Kümmel würzen und die Erdäpfelscheiben goldgelb durchrösten.
- Zuletzt die klein geschnittene Petersilie daruntermischen.
- Die Rösterdäpfel auf Tellern anrichten und die Zungensauce darüber verteilen.

Zubereitungszeit ca. 30 Minuten
Wartezeit ca. 30 Minuten

Zutaten für 2 Personen
500 g Erdäpfel
2 EL Öl
Salz und Pfeffer
1 Msp. Kümmel
1/2 Bund Petersilie

Zungensauce
300 g geräucherte Kalbszunge
2 EL Öl
1 Zwiebel
2 Knoblauchzehen
70 ml Suppe
70 ml Obers

Nudelsalat

- Die Nudeln in Salzwasser bissfest kochen, abseihen, mit kaltem Wasser abschrecken und in eine Schüssel geben.
- Paprikaschote halbieren, entkernen, waschen und in dünne Streifen schneiden.
- Den Mais abtropfen lassen, die Essiggurken würfelig schneiden.
- Den Schinken kleinwürfelig schneiden.
- Alle vorbereiteten Zutaten unter die Nudeln mischen.
- Für die Sauce Öl, Essig, Salz und Pfeffer in eine kleine Schüssel geben und glatt rühren. Über den Nudelsalat verteilen und alles gut vermischen.
- Zuletzt noch den Schnittlauch in kleine Röllchen schneiden und darüberstreuen.

Zutaten für 2 Personen
300 g Penne
1 rote Paprikaschote
200 g Mais
2 Essiggurken
50 g Schinken
1 EL Öl
2 EL Essig
Salz und Pfeffer
1 Bund Schnittlauch

Zubereitungszeit ca. 25 Minuten

Elsas Nudeltopf

- Die Zwiebel schälen und klein schneiden.
- Butter in einem Topf erhitzen, klein geschnittene Zwiebel darin anschwitzen und das Faschierte dazugeben.
- Alles gut durchrösten und mit Salz und Pfeffer würzen, anschließend mit der Suppe aufgießen, das gewaschene, geschälte und klein geschnittene Gemüse dazugeben.
- Chilischote klein schneiden und in den Topf geben.
- 10 Minuten leicht köcheln lassen.
- Währenddessen die Suppennudeln in siedendes Salzwasser geben und 5 Minuten kochen lassen.
- Abseihen und in den Suppentopf geben.
- Auf Tellern anrichten und servieren.

Zutaten für 4 Personen
1 Zwiebel
50 g Butter
150 g Faschiertes
Salz und Pfeffer
1 l Gemüsesuppe
200 g gemischtes Gemüse nach Saison
1 Chilischote
100 g grobe Suppennudeln

Zubereitungszeit ca. 30 Minuten

Krautfleckerln

Zutaten für 2 Personen
250 g Nudeln (Fleckerln)
1 Kopf Weißkraut (ca. 400 g)
Salz
1 TL Kümmel
1 fein geschnittene Zwiebel
Margarine

- Die Nudeln in siedendes Salzwasser geben und „al dente" (nicht zu weich, nicht zu hart) kochen. Abseihen. Mit kaltem Wasser abschrecken.
- Das Kraut fein schneiden, salzen, mit Kümmel vermischen und stehen lassen.
- Die Zwiebel in heißer Margarine hellgelb andünsten, das Kraut dazugeben und ca. 15 Minuten weich dünsten.
- Die Fleckerln daruntermischen. Die Krautfleckerln auf Tellern anrichten und heiß servieren.

Zubereitungszeit ca. 35 Minuten

Basilikumnudeln

Zutaten für 2 Personen
2 Knoblauchzehen
1 Bund Basilikum
5 EL Olivenöl
Salz und Pfeffer
30 g Parmesan
250 g Spaghetti

- Die Knoblauchzehen durch die Presse drücken, Basilikumblätter hacken, Olivenöl dazugeben und alles gut durchmischen. Mit Salz, Pfeffer und Parmesan vermischen, anschließend kalt stellen.
- Spaghetti in siedendes Salzwasser geben und „al dente" (nicht zu weich, nicht zu hart) kochen. Abseihen. Mit kaltem Wasser abschrecken, gut abtropfen lassen und anrichten.
- Die Basilikumsauce kalt darüber verteilen.

Zubereitungszeit ca. 20 Minuten

Bandnudeln mit gebackener Petersilie

- Die Nudeln in Salzwasser mit 1 EL Öl kochen, abseihen und warm stellen.
- Den Lauch putzen, waschen und in feine Streifen schneiden
- In einer Pfanne in heißem Öl anrösten. Mit Zitronensaft und Suppe aufgießen, kurz aufkochen lassen, Nudeln hinzufügen und mit Salz und Pfeffer würzen.
- Für die gebackene Petersilie die Blättchen abzupfen, in Mehl wenden und in heißem Öl ausbacken.
- Die Nudeln anrichten und mit gebackener Petersilie bestreuen.

Zutaten für 2 Personen
250 g Bandnudeln
2 EL Öl
50 g Lauch
Saft einer Zitrone
125 ml Suppe
Salz und Pfeffer
1 Bund Petersilie
Mehl zum Wenden
Öl zum Herausbacken

Zubereitungszeit ca. 20 Minuten

Spiralnudeln mit Spinat

Zutaten für 2 Personen
250 g Spiralnudeln
150 g Blattspinat
30 g Margarine
125 ml Milch
70 g Doppelrahmkäse
2 zerdrückte Knoblauchzehen
Salz und Pfeffer

- Die Spiralnudeln in Salzwasser ca. 10 Minuten kochen. Abseihen, mit kaltem Wasser abschrecken und warm stellen.
- Den Spinat waschen, klein hacken und in zerlassener Margarine schwenken. Mit Milch aufgießen. Käse, Knoblauch, Salz und Pfeffer dazugeben. Das Ganze so lange kochen, bis der Käse geschmolzen ist.
- Spiralnudeln dazugeben und gut vermischen.

Zubereitungszeit ca. 20 Minuten

Eiernudeln

Zutaten für 2 Personen
250 g Hörnchennudeln
70 g Margarine
1 kleine Dose Champignons
3 Eier
Salz und Pfeffer

- Die Nudeln in siedendes Salzwasser geben und „al dente" (nicht zu weich, nicht zu hart) kochen. Abseihen. Mit kaltem Wasser abschrecken.
- Margarine in einer Pfanne heiß werden lassen und die Champignons darin anrösten.
- Die Eier verquirlen und über die Champignons gießen. Stocken lassen. Mit Salz und Pfeffer würzen.
- Die Nudeln dazugeben und gut durchrühren. Heiß servieren.

Zubereitungszeit ca. 25 Minuten

Nudeln mit Pilzsauce

- Die Nudeln in siedendes Salzwasser geben und „al dente" (nicht zu weich, nicht zu hart) kochen. Abseihen. Mit kaltem Wasser abschrecken und warm stellen.
- Die Champignons putzen, waschen und blättrig schneiden.
- Butter in einer Pfanne aufschäumen, die Champignons darin weich dünsten. Klein geschnittene Petersilie und Pfeffer dazugeben. Mit der Suppe aufgießen.
- Erdäpfelstärke in 4 EL Wasser glatt rühren und unter die Pilzsauce mischen.
- Die Sauce 3 Minuten leicht köcheln lassen, anschließend über die Nudeln geben und sofort servieren.

Zutaten für 2 Personen
200 g Bandnudeln
250 g Champignons
1 EL Butter
1/2 Bund Petersilie
Pfeffer
125 ml Gemüsesuppe
1/2 TL Erdäpfelstärke
4 EL Wasser

Zubereitungszeit ca. 20 Minuten

Spaghetti mit Kirschtomaten

Zutaten für 2 Personen
400 g Spaghetti
2 EL Öl
1 Chilischote
150 g Kirschtomaten
125 ml Gemüsesuppe
Salz und Pfeffer
1 EL gehacktes Basilikum
etwas Oregano

- Spaghetti in siedendes Salzwasser geben und „al dente" (nicht zu weich, nicht zu hart) kochen. Abseihen. Mit kaltem Wasser abschrecken.
- Öl in einer Pfanne heiß werden lassen, die fein gehackte Chilischote darin anschwitzen.
- Spaghetti dazugeben und durchschwenken.
- Kirschtomaten halbieren und unter die Nudeln mischen. Mit der Gemüsesuppe aufgießen, einmal kurz aufkochen lassen.
- Mit Salz und Pfeffer, Basilikum und Oregano würzen. Durchmischen und servieren.

Zubereitungszeit ca. 25 Minuten

Spaghetti mit Zwiebelsauce

Zutaten für 2 Personen
1 kleine Zwiebel
3 EL Öl
250 ml Rindsuppe
etwas Oregano
Salz und Pfeffer
250 g Spaghetti
Paprikapulver zum Bestreuen

- Die Zwiebel schälen, fein schneiden und in einer Pfanne in heißem Öl goldgelb anrösten. Mit der Suppe aufgießen. Oregano dazugeben und mit Salz und Pfeffer würzen.
- Die Sauce ca. 20 Minuten langsam köcheln lassen.
- Spaghetti in siedendes Salzwasser geben und „al dente" (nicht zu weich, nicht zu hart) kochen. Abseihen. Mit kaltem Wasser abschrecken, gut abtropfen lassen und anrichten.
- Die Zwiebelsauce darüber verteilen. Zuletzt das Paprikapulver darüberstreuen.

Zubereitungszeit ca. 40 Minuten

Spaghetti vegetarisch

- Die Spaghetti in siedendes Salzwasser geben und „al dente" (nicht zu weich, nicht zu hart) kochen. Abseihen. Mit kaltem Wasser abschrecken und warm stellen.
- Karotten und Zucchini waschen, Karotten schälen, Zucchini und Karotten in dünne Streifen schneiden.
- Die Butter in einem Topf aufschäumen lassen, die Karotten und die Zucchini dazugeben und kurz andünsten. Mit der Gemüsesuppe aufgießen und weich dünsten.
- Mit Salz und Pfeffer würzen und zuletzt mit Obers verfeinern.
- Die Spaghetti auf Tellern anrichten und die Sauce darüber verteilen.

Zubereitungszeit ca. 35 Minuten

Zutaten für 2 Personen
200 g Spaghetti
150 g Karotten (oder anderes Gemüse)
150 g Zucchini
1 EL Butter
130 ml Gemüsesuppe
Salz und Pfeffer
3 EL Obers

Hüttenpfanne

Zutaten für 2 Personen
200 g Spiralnudeln
1 Zwiebel
50 g Bauchspeck
200 g Pilze nach Wahl
je 1/2 grüne und rote Paprikaschote
2 EL Öl
1 EL Paprikapulver
2 EL Tomatenmark
Salz und Pfeffer
150 ml Wasser
1/2 Bund Petersilie

- Die Spiralnudeln in Salzwasser ca. 10 Minuten kochen. Abseihen, mit kaltem Wasser abschrecken und warm stellen.
- Die Zwiebel schälen und klein hacken, den Speck kleinwürfelig schneiden, die Pilze putzen und ebenfalls klein schneiden. Die halbierten Paprikaschoten entkernen, waschen und in Streifen schneiden.
- Das Öl in der Pfanne erhitzen, die Zwiebel darin goldgelb anrösten, den Speck dazugeben und mitrösten. Anschließend die Pilze dazugeben, Paprikastreifen hinzufügen und alles gut durchmischen.
- Paprikapulver und Tomatenmark unterrühren, mit Salz und Pfeffer würzen. Mit Wasser aufgießen und 15 Minuten leicht köcheln lassen. Zuletzt die Nudeln daruntermischen.
- Auf Tellern anrichten und mit geschnittener Petersilie bestreuen.

Zubereitungszeit ca. 40 Minuten

Geräucherte Kalbszunge Italia

Zutaten für 2 Personen
400 g geräucherte Kalbszunge
200 g Spaghetti
2 EL Öl
4 zerdrückte Knoblauchzehen
Salz und Pfeffer

- Die Kalbszunge in Salzwasser 20 Minuten leicht köcheln lassen.
- Spaghetti in siedendes Salzwasser geben und „al dente" (nicht zu weich, nicht zu hart) kochen. Abseihen und warm stellen.
- Das Öl in einer Pfanne erhitzen, den Knoblauch darin andünsten.
- Die Spaghetti dazugeben, mit Salz und Pfeffer würzen und durchrösten.
- Die Zunge in Scheiben schneiden, die Spaghetti auf Tellern anrichten und die Kalbszunge darüber verteilen.

Zubereitungszeit ca. 35 Minuten

Herz auf Bandnudeln

- Das Herz halbieren, die Adern herausschneiden und unter fließendem Wasser gut abspülen.
- Das Herz in Salzwasser 1 Stunde leicht köcheln lassen.
- Die Karotten und die Sellerieknolle waschen, putzen, in grobe Stücke schneiden und dazugeben, weitere 30 Minuten kochen.
- Das Herz und das Gemüse aus dem Kochwasser nehmen und ca. 45 Minuten auskühlen lassen.
- Die Bandnudeln in siedendes Salzwasser geben und „al dente" (nicht zu weich, nicht zu hart) kochen, abseihen, mit kaltem Wasser abschrecken.
- Das Herz und das gekochte Gemüse feinnudelig schneiden.
- Die Zwiebel schälen und in Ringe schneiden.
- Das Öl in der Pfanne erhitzen, die Zwiebel darin goldgelb anrösten, danach das Herz und das Gemüse dazugeben und gut durchrösten. Zuletzt auf den Nudeln anrichten und mit Salz und Pfeffer abschmecken und mit Petersilie garnieren.

Zubereitungszeit ca. 2 Stunden
Wartezeit ca. 45 Minuten

Zutaten für 2 Personen
400 g Schweinsherz
1 1/2 l Wasser
100 g Karotten
200 g Sellerieknolle
200 g Bandnudeln
1 Zwiebel
3 EL Öl
Salz und Pfeffer
Petersilie zum Garnieren

Wurstnudeln

Zutaten für 2 Personen
250 g Hörnchennudeln
4 EL Öl
1 Zwiebel
100 g Hartwurst
1/2 zerkleinerter Suppenwürfel
Salz und Pfeffer

• Die Nudeln in siedendes Salzwasser geben und „al dente" (nicht zu weich, nicht zu hart) kochen. Abseihen. Mit kaltem Wasser abschrecken.
• Öl in einer Pfanne heiß werden lassen, die fein gehackte Zwiebel, die klein geschnittene Wurst und den zerkleinerten Suppenwürfel darin anbraten. Mit Salz und Pfeffer würzen.
• Die Nudeln dazugeben und alles gut durchrösten.
• Auf Tellern anrichten und heiß servieren.

Zubereitungszeit ca. 20 Minuten

Fleischspaghetti

Zutaten für 2 Personen
200 g Spaghetti
1 Zwiebel
30 g Margarine
150 g Faschiertes
Salz und Pfeffer
1 EL würfelig geschnittener Paprika
1 Lorbeerblatt
etwas Rosmarin
130 ml Rindsuppe
Parmesan zum Bestreuen

• Die Spaghetti in siedendes Salzwasser geben und „al dente" (nicht zu weich, nicht zu hart) kochen. Abseihen. Mit kaltem Wasser abschrecken.
• Die Zwiebel schälen, würfelig schneiden und in einer Pfanne in heißer Margarine goldgelb anrösten.
• Faschiertes dazugeben und gut durchrösten.
• Die übrigen Zutaten zusammen mit der Suppe dazugeben und ca. 10 Minuten köcheln lassen.
• Spaghetti in die fertige Sauce mischen, auf Tellern anrichten und mit Parmesan bestreuen.

Zubereitungszeit ca. 35 Minuten

Thunfischspaghetti

- Die Spaghetti in siedendes Salzwasser geben und „al dente" (nicht zu weich, nicht zu hart) kochen. Abseihen. Mit kaltem Wasser abschrecken und warm stellen.
- Olivenöl erhitzen, die klein geschnittene Zwiebel goldgelb anbraten.
- Die Knoblauchzehen durch die Presse drücken und dazugeben. Mit Tomatensauce aufgießen.
- Den zerkleinerten Thunfisch daruntermischen, mit Salz und Pfeffer würzen und ca. 5 Minuten köcheln lassen.
- Spaghetti auf Tellern anrichten und die Sauce darüber verteilen.

Zutaten für 2 Personen
250 g Spaghetti
2 EL Olivenöl
1 Zwiebel
2 Knoblauchzehen
250 ml Tomatensauce
1 Dose Thunfisch
Salz und Pfeffer

Zubereitungszeit ca. 25 Minuten

Grammelknödel mit Sauerkraut

- Grammeln fein hacken und mit Salz, Pfeffer und Petersilie würzen. Eine gehackte Zwiebel daruntermischen und kleine Bällchen formen.
- Die Erdäpfel durch die Presse drücken, mit Mehl, Eidotter, Muskat und Salz würzen.
- Die Masse zu einem Teig kneten, eine Rolle formen und in gleich große Stücke schneiden.
- Die einzelnen Stücke flach drücken und die Grammelbällchen darin einhüllen.
- Knödel formen und in Salzwasser kochen, bis sie an der Oberfläche schwimmen.
- Sauerkraut mit Suppe aufgießen und 10 Minuten weich dünsten.
- Grammelknödel mit Sauerkraut servieren.

Zubereitungszeit ca. 1 Stunde

Zutaten für 2 Personen
100 g Grammeln
Salz und Pfeffer
1 EL Petersilie
1 Zwiebel
150 g gekochte und geschälte Erdäpfel
100 g Mehl
1 Eidotter
1 Prise Muskat
250 g Sauerkraut
125 ml Rindsuppe

Fleischknödel

- Den Topfen mit Ei, Grieß und Salz verrühren und ca. 30 Minuten rasten lassen. Anschließend das Mehl unterheben.
- Den Teig auf einem Brett ca. 3 cm dick ausrollen.
- Fülle: Öl in eine Pfanne geben, das Faschierte darin anbraten.
- Mit Salz und Pfeffer würzen, die klein geschnittene Petersilie unterrühren.
- Den Teig in Vierecke schneiden, die Fülle darauf verteilen und zu Knödeln formen.
- Die Knödel in kochendes Salzwasser geben und 20 Minuten leicht köcheln lassen.
- Die Fleischknödel auf Tellern anrichten, mit Sauerkraut servieren.

Zubereitungszeit ca. 40 Minuten
Wartezeit ca. 30 Minuten

Zutaten für 4 Personen

Für den Teig
250 g Topfen
1 Ei
2 EL Grieß
Salz
200 g Mehl

Fülle
2 EL Öl
200 g Faschiertes
Salz und Pfeffer
1/2 Bund Petersilie

Polentascheiben auf Spinat

Zutaten für 2 Personen
70 g Polenta
125 ml Milch
Salz
1 EL Butter
1 Msp. Muskat
1 Prise Pfeffer
1 Ei

40 g Semmelbrösel zum Wälzen
1 EL Öl zum Braten

Spinat
400 g Blattspinat
2 Knoblauchzehen
1 Zwiebel
1 EL Öl
125 ml Gemüsesuppe

- Die Milch, eine Prise Salz und die Butter zum Kochen bringen. Die Polenta einrühren und so lange rühren, bis ein Kloß entsteht. Polenta mit Muskat und Pfeffer würzen.
- Das Ei unterrühren und die Masse auf einem Arbeitsbrett auskühlen lassen.
- Aus der erkalteten Polenta eine Rolle formen und in Scheiben schneiden. In Brösel wälzen und in einer Pfanne in heißem Öl goldgelb backen. Anschließend warm stellen.
- Die Spinatblätter sorgfältig verlesen, die harten Stiele abschneiden und unter fließendem kaltem Wasser gründlich waschen.
- Die Knoblauchzehen schälen und durch die Presse drücken, die Zwiebel schälen und fein hacken, in einer Pfanne in heißem Öl anrösten, den Knoblauch hinzufügen, den Spinat dazugeben und kurz dünsten. Mit der Gemüsesuppe aufgießen und 5 Minuten leicht köcheln lassen.
- Die Polentascheiben mit dem Spinat anrichten.

Zubereitungszeit ca. 35 Minuten

Überbackene Polenta

Zutaten für 2 Personen
200 g Polentagrieß
500 ml Wasser
Salz
50 g Butter
200 g Schnittkäse

- Wasser, Salz und Butter zum Kochen bringen.
- Polenta eingießen, umrühren und bei kleiner Hitze 20 Minuten gar werden lassen.
- Die Polenta kalt werden lassen, in Scheiben schneiden und mit Käse belegen.
- Im Backofen bei 180 °C ca. 10 Minuten überbacken.

Zubereitungszeit ca. 35 Minuten
Wartezeit ca. 20 Minuten

Putenreisfleisch

- Die fein geschnittene Zwiebel in einer Pfanne in heißem Öl goldgelb anrösten.
- Das klein geschnittene Putenfleisch dazugeben und gut andünsten, Wasser dazugeben, den Reis und die übrigen Zutaten daruntermischen und 20 Minuten bei kleiner Hitze garen.
- Reisfleisch anrichten und mit Parmesan bestreuen.

Zubereitungszeit ca. 35 Minuten

Zutaten für 2 Personen
200 g Putenfleisch
200 g Reis
1 Zwiebel
2 EL Öl
600 ml Wasser
Salz
1 EL Paprikapulver
1/2 Bund gehackte Petersilie
Parmesan zum Bestreuen

Schwammerlreis

Zutaten für 2 Personen
1 Zwiebel
1 TL Zucker
40 g Margarine
1 Bund Petersilie
1 Dose Champignons
(geschnitten)
300 g Reis
500 ml Wasser
Salz
Parmesan zum Bestreuen

- Die Zwiebel schälen, fein hacken und zusammen mit dem Zucker in heißer Margarine goldgelb anrösten.
- Fein geschnittene Petersilie und Champignons einmengen und gut durchrösten.
- Den gewaschenen Reis, das Wasser und das Salz einrühren und weich dünsten.
- Auf Tellern anrichten und mit Parmesan bestreuen.
- Dazu passt grüner Salat.

Zubereitungszeit ca. 35 Minuten

Reisfleisch

Zutaten für 2 Personen
1 Zwiebel
30 g Margarine
200 g Faschiertes
1 EL Paprikapulver
2 EL Tomatenmark
100 g Karotten
50 g Champignons
200 g Reis
Salz
300 ml Wasser
Parmesan zum Bestreuen

- Die Zwiebel schälen, kleinwürfelig schneiden und in einer Pfanne in heißer Margarine goldgelb anrösten.
- Faschiertes dazugeben und gut durchrösten.
- Paprikapulver, Tomatenmark und das geputzte und klein geschnittene Gemüse daruntermischen.
- Den Reis einmengen, salzen und mit dem Wasser aufgießen.
- Das Ganze ca. 20 Minuten langsam weich dünsten.
- Auf Tellern anrichten und mit Parmesan bestreuen.

Zubereitungszeit ca. 40 Minuten

Reisbällchen gebacken

Zutaten für 4 Personen
1 kleine fein geschnittene
Zwiebel
1/2 fein gehackte
Knoblauchzehe
etwas Öl
1 Ei
400 g gekochter Rundkornreis
einige Basilikumblätter
Salz und Pfeffer
Mehl, Ei und Semmelbrösel zum
Panieren
Öl zum Ausbacken

- Zwiebel und Knoblauch in etwas Öl kurz anrösten, auskühlen lassen.
- Das Ei in einer Schüssel schaumig schlagen, mit dem Reis sowie mit Zwiebel, Knoblauch und fein geschnittenem Basilikum vermengen, salzen und pfeffern.
- Aus der Reismasse Bällchen formen, diese mit Mehl, verqirltem Ei und Semmelbröseln panieren und anschließend in reichlich heißem (ca 140 °C) Öl goldbraun herausbacken, danach gut abtropfen lassen.
- Dazu passt Joghurtdressing gut!

Zubereitungszeit ca. 20 Minuten

Fenchelreis

- Die Fenchelknolle waschen und in kleine Streifen schneiden.
- Die klein geschnittene Zwiebel in einer Pfanne in heißem Öl anrösten, den Fenchel dazugeben und mitrösten.
- Den Reis hinzufügen und kurz mitrösten. Mit der Suppe aufgießen und mit Salz und Pfeffer würzen.
- Das Ganze 30 Minuten leicht köcheln lassen. Parmesan und Butter unterrühren.
- Den Fenchelreis anrichten und mit Parmesan bestreuen.

Zubereitungszeit ca. 40 Minuten

Zutaten für 2 Personen
1 Fenchelknolle
1 Zwiebel
30 g Öl
200 g Reis
3/4 l Suppe
Salz und Pfeffer
50 g Parmesan (Tüte)
50 g Butter
1 EL frisch geriebener Parmesan

Bunter Reisteller

Zutaten für 2 Personen
200 g Reis
1 Zwiebel
30 g Schinken
500 g Zucchini
1 TL Öl
2 Knoblauchzehen
250 ml Gemüsesuppe
Salz und Pfeffer
1 Msp. Muskat
Petersilie zum Garnieren

- Den Reis garen und nach Geschmack salzen und pfeffern.
- Die Zwiebeln schälen und klein hacken, den Schinken würfelig schneiden, die Zucchini putzen und kleinwürfelig schneiden.
- Das Öl in einer Pfanne erhitzen, Zwiebel und Schinken darin anschwitzen.
- Die Knoblauchzehen schälen, durch die Knoblauchpresse drücken und dazugeben.
- Mit der Suppe aufgießen und das Ganze ca. 8 Minuten köcheln lassen. Danach den Reis und die Zucchini hinzufügen.
- Den Reisteller mit Salz, Pfeffer und Muskat verfeinern und mit Petersilie garnieren. Sofort servieren.

Zubereitungszeit ca. 45 Minuten

Gemüseallerlei mit Reis

Zutaten für 2 Personen
300 g tiefgefrorenes Gemüse
Salz
200 g Reis
400 ml Wasser
Kräuter (Oregano, Basilikum, Schnittlauch - je nach Belieben)
40 g Butter
1/4 Bund gehackte Petersilie

- Das Gemüse in Salzwasser bissfest kochen.
- Den Reis in Wasser weich dünsten.
- Das Gemüse abseihen, die fein gehackten Kräuter über das Gemüse streuen.
- Mit Butter verfeinern, Petersilie darüberstreuen.
- Reis mit dem Gemüse anrichten und heiß servieren.

Zubereitungszeit ca. 35 Minuten

Omas Reiseintopf

- Die Zwiebel schälen, klein schneiden und in heißem Öl anrösten. Faschiertes dazugeben und gut durchrösten.
- Tomatenmark und Paprikapulver unterrühren und mit der Gemüsesuppe aufgießen.
- Den gewaschenen Reis und die klein geschnittene Karotte einrühren. Mit Basilikum, Salz und Pfeffer würzen.
- Den Eintopf 15 bis 20 Minuten leicht köcheln lassen, mit Petersilie garnieren und sofort servieren.

Zubereitungszeit ca. 35 Minuten

Zutaten für 2 Personen
1 Zwiebel
2 EL Öl
100 g Faschiertes
3 EL Tomatenmark
1/2 EL Paprikapulver
500 ml Gemüsesuppe
100 g Langkornreis
1 Karotte
1 TL getrocknetes Basilikum
Salz und Pfeffer
gehackte Petersilie zum Garnieren

Sauerkraut auf Germkichl

- Das Mehl in eine große Schüssel geben, in der Mitte eine Vertiefung bilden.
- Die Milch leicht erwärmen, Germ einrühren und in die Vertiefung gießen, mit etwas Mehl vermischen und 10 Minuten aufgehen lassen.
- Danach Salz, Eier und die Butter dazugeben und verrühren.
- Danach den Teig mit dem Kochlöffel so lange schlagen, bis sich der Teig vom Löffel zu lösen beginnt.
- Den Teig eine Stunde an einem warmen Ort gehen lassen.
- Löffelgroße Stücke aus dem Teig herausstechen und auf eine bemehlte Arbeitsfläche legen.
- Die Teigstücke gleichmäßig rund auseinanderziehen, bis sich in der Mitte eine Mulde bildet.
- In heißem Fett beidseitig herausbacken.
- Das Sauerkraut in einen Topf geben, mit Salz und Kümmel würzen, Knoblauchzehen durch die Knoblauchpresse drücken und dazugeben.
- Mit Gemüsesuppe aufgießen und 5 Minuten köcheln lassen.
- Die Butter erhitzen und leicht bräunen.
- Über das Sauerkraut gießen, durchrühren und auf den Germkichln servieren.

Zubereitungszeit ca. 60 Minuten, Wartezeit ca. 60 Minuten

Zutaten für 4 Personen
200 g Mehl
90 ml Milch
10 g Germ
Salz
2 Eier
50 g zerlassene Butter
250 ml Öl zum Backen

Sauerkraut
500 g Sauerkraut
Salz
1 TL Kümmel
3 Knoblauchzehen
125 ml Gemüsesuppe
etwas Butter

Spinat mit Eiernest

- Die Erdäpfel schälen und in Scheiben schneiden.
- Die Zwiebel schälen und klein schneiden.
- Die Knoblauchzehen schälen und klein hacken.
- Die Butter in einer Pfanne erhitzen, die klein geschnittene Zwiebel und die klein gehackten Knoblauchzehen darin glasig dünsten.
- Den Spinat waschen, klein hacken und in die Pfanne geben.
- Mit Salz und Pfeffer würzen und 3 Minuten mitdünsten lassen.
- Die Dickmilch dazugeben und einmal kurz aufkochen lassen.
- Die Erdäpfelscheiben in eine bebutterte Auflaufform schichten und die Spinatmasse darüber verteilen.
- Mit einem Löffel zwei Mulden in den Spinat drücken, die Eier in die Mulden schlagen und mit Käse bestreuen.
- Im vorgeheizten Backofen bei 180 °C ca. 30 Minuten überbacken.

Zubereitungszeit ca. 60 Minuten

Zutaten für 2 Personen
300 g gekochte Erdäpfel
1 Zwiebel
2 Knoblauchzehen
50 g Butter
250 g Blattspinat
Salz und Pfeffer
150 g Dickmilch
etwas Butter für die Form
2 Eier
50 g geriebener Edamer

Lauch mit Schinken

Zutaten für 2 Personen
400 g Lauch
2 EL Öl
125 ml Suppe
Salz
etwas Oregano
100 g gekochter Schinken

- Den Lauch putzen, waschen und in fingerdicke Stücke schneiden.
- Das Öl in einer Pfanne erhitzen, das Lauchgemüse dazugeben, mit Suppe aufgießen und das Gemüse darin ca. 10 Minuten weich dünsten. Mit Salz und Oregano abschmecken.
- Den Schinken in Streifen schneiden, zum Lauchgemüse geben und kurz mitdünsten.
- Den Lauch mit dem Schinken auf Tellern anrichten.
- Dazu passen Salzerdäpfel.

Zubereitungszeit ca. 20 Minuten

Zucchinipuffer

Zutaten für 4 Personen
400 g Erdäpfel
300 g Zucchini
1 Zwiebel
2 Eier
2 EL Mehl
etwas Backpulver
Salz und Pfeffer
Öl zum Braten

- Die rohen Erdäpfel schälen und reiben.
- Die Zucchini schälen, reiben und mit den Erdäpfeln vermischen. Die entstandene Flüssigkeit ausdrücken.
- Die Erdäpfel-Zucchini-Masse mit der geschnittenen Zwiebel, den Eiern, Mehl und Backpulver gut verarbeiten. Salzen, pfeffern.
- Das Öl in einer Pfanne heiß werden lassen und darin beidseitig kleine Laibchen backen.
- Dazu passt grüner Salat.

Zubereitungszeit ca. 30 Minuten

Gurkenpfanne

Zutaten für 2 Personen
500 g Erdäpfel
3 EL Öl
1 große Salatgurke
Salz und Pfeffer
50 g Parmesan

- Erdäpfel schälen und achteln. Öl in einer Pfanne erhitzen und die Erdäpfel darin 20 Minuten beidseitig braten.
- Gurke waschen, in Würfel schneiden und zu den Erdäpfeln geben. Mit Salz und Pfeffer würzen. Das Ganze noch 10 Minuten dünsten lassen.
- Auf Tellern anrichten und mit Parmesan bestreuen.

Zubereitungszeit ca. 45 Minuten

Kohlrabi-Erdäpfel-Puffer

- Erdäpfel und Kohlrabi schälen, waschen und grob raspeln.
- Die Zwiebel schälen, fein hacken und mit den Gewürzen und dem Mehl in die Masse geben.
- Das Öl in einer Pfanne erhitzen und den Teig löffelweise darin ausstreichen. Beidseitig goldgelb backen.
- Dazu passen grüner Salat oder Erdäpfelsalat.

Zubereitungszeit ca. 35 Minuten

Zutaten für 4 Personen
300 g Erdäpfel
300 g Kohlrabi
1 Zwiebel
Salz und Pfeffer
1 Msp. ger. Muskat
50 g Mehl
50 ml Öl zum Backen

Zucchinigemüse

Zutaten für 2 Personen
300 g Zucchini
200 g Champignons
1 Zwiebel
1 EL Margarine
2 Knoblauchzehen
Salz und Pfeffer
130 ml Gemüsesuppe

Für den Reis
200 g Reis
350 ml Gemüsesuppe

- Zucchini waschen und in Scheiben schneiden.
- Champignons waschen, putzen und halbieren.
- Die Zwiebel fein hacken, die Knoblauchzehen pressen.
- Margarine in einer Pfanne heiß werden lassen, Zwiebeln und Knoblauch darin dünsten.
- Zucchini und Champignons dazugeben, mit Salz und Pfeffer würzen und gut durchrösten.
- Mit der Gemüsesuppe aufgießen und ca. 10 Minuten dünsten.
- Reis und Gemüsesuppe zusammen aufkochen, Hitze herunterschalten und zugedeckt ca. 20 Minuten quellen lassen.
- Zucchinigemüse zusammen mit dem Reis auf Tellern anrichten und servieren.

Zubereitungszeit ca. 50 Minuten

Hendlleber auf Eisbergsalat

Zutaten für 2 Personen
250 g Hendlleber
2 EL Öl
Salz
1/2 Kopf Eisbergsalat
1 rote Paprikaschote
1 Zwiebel

Marinade
Öl
Essig
Senf
Salz und Pfeffer

- Die Leber unter fließendem Wasser waschen und in Streifen schneiden.
- Das Öl in der Pfanne heiß werden lassen, die Leber leicht pfeffern und darin anbraten. Erst zum Schluss salzen, anschließend warm stellen.
- Den Salat waschen, zerteilen und auf Tellern anrichten.
- Die in feine Streifen geschnittene Paprikaschote und fein geschnittene Zwiebelringe darüber verteilen.
- Aus Öl, Essig, Senf, Salz und Pfeffer eine Marinade rühren und über den Salat träufeln. Zuletzt mit der Hendlleber garnieren.

Zubereitungszeit ca. 20 Minuten

Zucchini mit Oberssauce

- Zucchini putzen, der Länge nach in 1 cm dicke Scheiben schneiden.
- Toastbrot zerbröseln.
- Die Brösel, Eier, geriebenen Parmesan, Salz, Pfeffer und Muskat gut vermischen und über die Zucchini verteilen.
- Im Backofen bei 200 °C ca. 15 Minuten backen.
- Für die Sauce Schnittlauch in kleine Röllchen schneiden, die Paradeiser abhäuten und mit dem Stabmixer klein pürieren.
- Obers dazugießen, mit Salz und Pfeffer abschmecken und zu den gebackenen Zucchini servieren.

Zubereitungszeit ca. 30 Minuten

Zutaten für 2 Personen
300 g Zucchini
1 Scheibe Toastbrot
2 Eier
50 g Parmesan
Salz und Pfeffer
1 Msp. ger. Muskat

Sauce
1 EL Schnittlauch
2 Paradeiser
125 ml Obers
Salz und Pfeffer

Überbackene Zucchini

Zutaten für 2 Personen
1 Zwiebel
30 g Paradeiser
300 g Zucchini
Salz und Pfeffer
30 g Butter
1 EL Brösel
2 EL Schnittlauchröllchen
1 EL gehacktes Basilikum
1 EL Parmesan
2 EL Obers
1 EL Öl

- Zwiebel schälen und fein hacken.
- Paradeiser mit heißem Wasser blanchieren, schälen und blättrig schneiden.
- Zucchini waschen, längs halbieren, salzen und pfeffern.
- Aus Butter, Brösel, Schnittlauch, Basilikum, Parmesan und Obers eine Paste rühren und auf die Zucchini streichen.
- Öl in eine Auflaufform geben und die fein geschnittene Zwiebel darin goldgelb rösten. Anschließend die geschnittenen Paradeiser darin leicht andünsten, salzen, pfeffern.
- Die Zucchini auf die Paradeiser legen und im Backofen bei 150 °C ca. 30 Minuten backen.

Zubereitungszeit ca. 60 Minuten

Erdäpfel-Lauch-Puffer

Zutaten für 2 Personen
300 g Erdäpfel
2 Stangen Lauch
Salz und Pfeffer
Muskat
1 Ei
1 EL Öl
150 g Mehl
Öl zum Ausbacken

- Erdäpfel in Salzwasser kochen, schälen und durch die Erdäpfelpresse drücken.
- Den Lauch putzen, waschen und fein hacken.
- Den Lauch mit den Gewürzen, Ei, Öl und Mehl unter die Erdäpfelmasse mischen.
- Das Öl in einer Pfanne erhitzen und den Teig löffelweise darin ausstreichen. Beidseitig goldgelb backen.
- Dazu passt Sauerkraut.

Zubereitungszeit ca. 40 Minuten

Maislaibchen

- Erdäpfel in Salzwasser kochen, schälen und durch die Erdäpfelpresse drücken.
- Mit Mais, Eidotter und Topfen vermengen. Mit Salz, Pfeffer und Muskat würzen.
- Laibchen formen und in Mehl, Ei und Bröseln wenden.
- Öl in einer Pfanne heiß werden lassen und die Laibchen darin beidseitig goldbraun ausbacken.

Zubereitungszeit ca. 45 Minuten

Zutaten für 2 Personen
300 g Erdäpfel
50 g Mais aus der Dose
1 Eidotter
50 g Topfen
Salz und Pfeffer
1 Msp. ger. Muskat
60 g Mehl
1 Ei
60 g Brösel
Öl zum Ausbacken

Gemüse-Topfen-Laibchen

Zutaten für 2 Personen
250 g gemischtes Gemüse nach
Wahl (Karotten, Fisolen, Erbsen,
Karfiol)
150 g Topfen
1 Ei
Salz und Pfeffer
Petersilie
50 g Brösel
Öl zum Backen

• Das Gemüse zubereiten und in Salzwasser bissfest kochen, abseihen.
• Topfen, Ei, Salz, Pfeffer und Petersilie daruntermischen. 2 Stunden ruhen lassen.
• Kleine Laibchen formen und in Bröseln wälzen.
• Öl in der Pfanne heiß werden lassen und die Laibchen darin beidseitig backen.
• Dazu passt Krautsalat.

Zubereitungszeit ca. 30 Minuten
Wartezeit ca. 2 Stunden

Gemüseröster

Zutaten für 2 Personen
500 g Erdäpfel
100 g Blattspinat
1 Zwiebel
1 Karotte
50 g Wurst nach Wahl
1 Ei
Salz und Pfeffer
125 ml Öl zum Backen

• Die Erdäpfel schälen, waschen und klein reiben.
• Den Spinat waschen und in kleine Stücke zerteilen.
• Die Zwiebel und die Karotte schälen und klein schneiden.
• Die Wurst würfelig schneiden.
• Die Erdäpfelmasse mit dem Gemüse und dem Ei gut vermischen, mit Salz und Pfeffer abschmecken. Laibchen formen.
• Das Öl in einer Pfanne heiß werden lassen und die Laibchen darin beidseitig goldgelb rösten.

Zubereitungszeit ca. 30 Minuten

Kohlrabi-Hirse-Topf

- Hirse in 1/4 l kochendes Salzwasser geben und ca. 20 Minuten weich kochen.
- Kohlrabi schälen und in Streifen schneiden.
- Karotte schälen und in Streifen schneiden.
- Die Zwiebel schälen und klein hacken.
- Die Gemüsesuppe in einen Topf geben, das Gemüse hinzufügen und ca. 10 Minuten garen.
- 2 Minuten vor Ende der Garzeit die Hirse dazugeben und mit Salz, Pfeffer und Muskat würzen.

Zutaten für 2 Personen
100 g Hirse
300 g Kohlrabi
1 Karotte
1 Zwiebel
250 ml Gemüsesuppe
Salz und Pfeffer
1 Msp. ger. Muskat

Zubereitungszeit ca. 35 Minuten

Gemüse-Bohnen-Pfanne

Zutaten für 2 Personen
400 g Erdäpfel
1 Zwiebel
1 Knoblauchzehe
2 Stangen Lauch
1 grüne Paprikaschote
1 EL Öl
Salz und Pfeffer
150 g weiße Bohnen (Dose)
130 ml Gemüsesuppe
1 EL Parmesan

- Die Erdäpfel waschen, in Salzwasser weich kochen und kalt stellen.
- Die Zwiebel klein schneiden, die Knoblauchzehe durch die Presse drücken.
- Den Lauch putzen, waschen und würfelig schneiden.
- Die Paprikaschote halbieren, entkernen, waschen und würfelig schneiden.
- Öl in einer Pfanne heiß werden lassen, Zwiebel und Knoblauch darin anschwitzen.
- Das zerkleinerte Gemüse dazugeben, mit Salz und Pfeffer würzen. 10 Minuten dünsten.
- Die Erdäpfel schälen, klein schneiden und zusammen mit den Bohnen unter das Gemüse mischen. Mit der Gemüsesuppe aufgießen und kurz aufkochen lassen.
- Anrichten und mit Parmesan bestreuen.

Zubereitungszeit ca. 60 Minuten

Gemüseeierspeise

Zutaten für 2 Personen
1 kleine Zwiebel
200 g Zucchini
1 Karotte
1 EL Öl
2 Eier
65 ml Milch
Salz und Pfeffer

- Die Zwiebel fein schneiden. Zucchini und Karotte waschen, putzen und klein raspeln.
- Das Öl in einer Pfanne heiß werden lassen.
- Die Zwiebel hineingeben und goldgelb anrösten.
- Anschließend das Gemüse dazugeben und ca. 4 Minuten andünsten.
- Die Eier mit Milch verquirlen, mit Salz und Pfeffer würzen, über das Gemüse verteilen und stocken lassen.

Zubereitungszeit ca. 30 Minuten

Polnisches Rotkraut

- Das Rotkraut in Streifen schneiden.
- 1 Zwiebel klein schneiden und mit dem Essig und dem Zucker zum Rotkraut geben. Mit Wasser aufgießen und 15 Minuten leicht köcheln lassen.
- Die zweite Zwiebel schälen und in kleine Würfel schneiden.
- Den klein geschnittenen Speck in einer Pfanne auslassen, die Zwiebel dazugeben und andünsten.
- Das Rotkraut abseihen und zum Speck-Zwiebel-Gemisch geben. Mit Suppe aufgießen und mit Salz und Pfeffer abschmecken.
- Die Semmelbrösel in einer Pfanne anrösten. Das Ei klein hacken.
- Das Rotkraut auf den Tellern anrichten und mit Brösel und Ei garnieren.
- Dazu passen Salzerdäpfel.

Zubereitungszeit ca. 45 Minuten

Zutaten für 2 Personen
500 g Rotkraut
2 Zwiebeln
1 EL Essig
1 TL Zucker
80 g Bauchspeck
125 ml Rindsuppe
Salz und Pfeffer
50 g Semmelbrösel
1 hart gekochtes Ei

Spinatomelett

Teig
130 g Mehl
250 ml Milch
2 Eier
Salz
Butter zum Ausbacken

Füllung
1 kleine Packung Spinat
2 zerdrückte Knoblauchzehen
1 TL Mehl
130 ml Milch

- Teig: Das Mehl mit 2/3 der Milch und den Eiern verrühren. Restliche Milch einrühren, bis der Teig dünnflüssig geworden ist. Salzen.
- In einer Pfanne etwas Butter aufschäumen lassen, den Teig portionsweise hineingießen und dünn ausbacken.
- Füllung: Spinat mit Knoblauch andünsten, mit Mehl binden und mit der Milch aufgießen. Kurz aufkochen lassen.
- Die Omeletts mit der Füllung bestreichen, zusammenklappen und heiß servieren.

Zubereitungszeit ca. 35 Minuten

Russisches Omelett

1 Paprikaschote
1 Paradeiser
1 Zwiebel
1 Knoblauchzehe
3 EL Öl
Salz und Pfeffer
3 Eier
Butter zum Ausbacken

- Die Paprikaschote halbieren, entkernen, waschen und in Streifen schneiden.
- Den Paradeiser waschen und kleinwürfelig schneiden.
- Die Zwiebel und die Knoblauchzehe schälen und fein hacken.
- Das Öl in einem Topf heiß werden lassen und die Zwiebel und den Knoblauch darin glasig dünsten. Paprikastreifen und Paradeiserwürfel 3 Minuten mitdünsten.
- Das Ganze mit dem Pürierstab pürieren, salzen, pfeffern.
- Die Eier verquirlen, Butter in einer Pfanne aufschäumen lassen und die Eier hineingießen.
- Die Paprika-Paradeiser-Masse gleichmäßig darüber verteilen. Das Omelett zudecken und 5 Minuten stocken lassen.

Zubereitungszeit ca. 35 Minuten

Pilzomelett

- Für den Teig das Mehl mit 2/3 der Milch und den Eiern verrühren. Restliche Milch einrühren, bis der Teig dünnflüssig geworden ist, salzen.
- In einer Pfanne etwas Butter aufschäumen lassen, den Teig portionsweise hineingießen und dünn ausbacken.
- Fülle: Die fein gehackte Zwiebel in heißer Margarine goldgelb anrösten. Die klein gehackten Pilze und die fein geschnittene Petersilie dazugeben und weich dünsten. Mit Mehl stauben und mit etwas Wasser aufgießen. Mit Salz und Pfeffer würzen.
- Die Omeletts mit der Füllung bestreichen, einrollen und heiß servieren.

Zubereitungszeit ca. 40 Minuten

Zutaten für 2 Personen

Teig
130 g Mehl
250 ml Milch
2 Eier
Salz
Butter zum Ausbacken

Fülle
1 kleine Zwiebel
30 g Margarine
250 g Champignons
1/2 Bund Petersilie
1 EL Mehl
etwas Wasser
Salz und Pfeffer

Lauchauflauf

- Den Lauch putzen, waschen und in 1 cm dicke Streifen schneiden.
- Die rohen Erdäpfel schälen und in spaghettidicke Streifen raspeln.
- Den Lauch, die Erdäpfel, geriebenen Käse, den Speck, Salz und Muskat mischen.
- Die Masse in eine ausgebutterte Auflaufform geben.
- Obers mit den Eiern und Salz verquirlen und über die Masse gießen.
- Parmesankäse darüberstreuen. Die Butterflöckchen darüber verteilen.
- Den Auflauf im Backofen bei 180 °C ca. 30 Minuten backen.

Zubereitungszeit ca. 45 Minuten

Zutaten für 2 Personen
200 g Lauch
400 g Erdäpfel
80 g Reibkäse
80 g abgerösteten Speck
Salz
Muskat
etwas Butter für die Form
3 EL Obers
2 Eier

Zum Bestreuen
2 EL Parmesankäse
20 g Butterflöckchen

Nudel-Karfiol-Auflauf

- Die Nudeln bissfest kochen und abseihen.
- Den Karfiol und die Karotten klein schneiden und in Salzwasser 5 Minuten kochen lassen.
- Abseihen und abtropfen lassen.
- Eine Auflaufform ausbuttern und die Nudeln mit dem Gemüse hineingeben.
- Das Ei mit der Gemüsesuppe verquirlen und mit Salz und Pfeffer würzen.
- Die Brühmasse über den Auflauf verteilen und mit den Bröseln und dem Parmesan bestreuen.
- Im Backofen bei 150 °C ca. 20 Minuten backen.

Zubereitungszeit ca. 35 Minuten

Zutaten für 2 Personen
100 g Hörnchennudeln
300 g Karfiol
2 Karotten
etwas Butter für die Form
1 Ei
ca. 125 ml Gemüsesuppe
Salz und Pfeffer
2 EL Brösel
2 EL Parmesan

Buttermilchauflauf

Zutaten für 2 Personen
200 g Mehl
3 Eier
Salz
375 ml Buttermilch
Butter zum Backen

- Aus dem Mehl, den Eiern, Salz und der Buttermilch einen Teig rühren.
- In einer Auflaufform so viel Butter erhitzen, dass der Boden bedeckt ist. Den Teig eingießen. Bei Mittelhitze im Backofen ca. 45 Minuten backen.
- Bei Tisch portionsweise herausstechen.
- Dazu schmeckt Apfelkompott.

Zubereitungszeit ca. 55 Minuten

Erdäpfelsoufflé

Zutaten für 2 Personen
400 g Erdäpfel
40 g Margarine
40 g Parmesan
2 Eidotter
Salz
1/2 TL ger. Muskat
2 Eiklar
50 g Margarine für die Form
Semmelbrösel zum Ausstreuen

- Erdäpfel schälen, vierteln und in Salzwasser kochen. Abseihen und durch die Erdäpfelpresse drücken.
- Weiche Margarine, Parmesan und Eidotter unter die Erdäpfelmasse mischen. Mit Salz und Muskat würzen.
- Das Eiklar zu Schnee schlagen und unter die Masse rühren.
- Die Auflaufform ausbuttern und mit Bröseln bestreuen.
- Das Soufflé im Backofen bei 200 °C ca. 40 Minuten backen.

Zubereitungszeit ca. 1 Stunde, 15 Minuten

Überbackene Äpfel, pikant gefüllt

- Die Äpfel schälen, die Kerngehäuse ausstechen, danach die Äpfel aushöhlen.
- Apfelfleisch kleinwürfelig schneiden.
- Faschiertes, fein gehackte Zwiebel, Apfelstückchen, fein geschnittene Petersilie, Salz und Pfeffer gut vermischen. Die Äpfel damit füllen.
- Die gefüllten Äpfel in eine Auflaufform setzen und ein Gemisch aus Joghurt, Ei und Salz rühren und übergießen.
- Im Backofen bei 150 °C ca. 35 Minuten backen. Heiß servieren.

Zutaten für 2 Personen
300 g Äpfel
100 g Faschiertes
1 Zwiebel
1/4 Bund Petersilie
Salz und Pfeffer
1 Becher Naturjoghurt
1 Ei

Zubereitungszeit ca. 50 Minuten

Spinatauflauf

Zutaten für 2 Personen
400 g Erdäpfel
400 g Blattspinat
1 Zwiebel
2 Knoblauchzehen
250 ml Milch
1 EL Maisstärke
Salz und Pfeffer
1/2 TL ger. Muskat
50 g Emmentaler
1 Ei
30 g Margarine für die Form

- Die Erdäpfel kochen, abseihen, schälen und stehen lassen.
- Den Spinat waschen und in wenig Wasser blanchieren.
- Die Zwiebel fein hacken, den Knoblauch pressen und unter den Spinat mischen. Salzen.
- Die Erdäpfel in Scheiben schneiden.
- Milch mit Maisstärkepulver verquirlen, mit Salz, Pfeffer und Muskat würzen. Den klein geschnittenen Käse mit dem Ei daruntermischen.
- Die Auflaufform ausbuttern. Erdäpfel und Spinat schichtweise hineingeben. Mit der Sauce überziehen.
- Im vorgeheizten Backofen bei 180 °C ca. 25 Minuten backen.

Zubereitungszeit ca. 55 Minuten

Brokkoliauflauf

Zutaten für 2 Personen
150 g Brokkoliröschen
50 g Hörnchennudeln
50 g Schinken
250 ml Milch
2 Eier
1 zerdrückte Knoblauchzehe
1 EL Mehl
Salz und Pfeffer
50 g Margarine zum Ausbuttern
50 g geriebener Gouda

- Die geputzten Brokkoliröschen in Salzwasser 2 Minuten kochen, abseihen.
- Die Hörnchen ca. 10 Minuten kochen und kalt abschrecken.
- Den Schinken fein schneiden.
- Die Milch, Eier, Knoblauch und Mehl in eine Schüssel geben und alles gut verquirlen. Mit Salz und Pfeffer abschmecken.
- In eine gebutterte Auflaufform Nudeln, Brokkoli und Schinken hineinschichten. Die Milchmischung darübergießen und mit Käse bestreuen.
- Im vorgeheizten Backofen bei 150 °C ca. 25 Minuten backen.

Zubereitungszeit ca. 45 Minuten

Schinkenfleckerlauflauf

- Die Nudeln in siedendes Salzwasser geben und „al dente"
  (nicht zu weich, nicht zu hart) kochen. Abseihen. Mit kaltem Wasser abschrecken.
- Die Nudeln mit dem geschlagenen Eiklar, Eidotter, klein
  geschnittenem Schinken und Sauerrahm gut vermengen,
  salzen.
- Die Masse in eine ausgebutterte Auflaufform geben und
  mit Butterstückchen belegen.
- Den Auflauf im vorgeheizten Backofen bei 180 °C ca.
  30 Minuten backen.

Zubereitungszeit ca. 45 Minuten

Zutaten für 2 Personen
250 g Nudeln (Fleckerln)
1 Eiklar
1 Eidotter
100 g gekochter Schinken
125 ml Sauerrahm
Salz
30 g Margarine für die Form
30 g Butter

Käsespätzle

- Das Mehl in eine Schüssel sieben, Ei und Muskatnuss untermischen. So viel Wasser unterrühren, bis sich einen eher fester Teig ergibt, salzen.
- Den Teig von einem Holzbrett mit einer Spachtel oder Palette in kochendes Salzwasser einstreichen. Sobald die Spätzle an die Oberfläche steigen, sind sie gar.
- Die Spätzle mit einem Schaumlöffel herausheben, in ein Sieb geben und gut abtropfen lassen.
- In einer Kasserolle die Butter schmelzen, die Zwiebel und die Jungzwiebeln darin anschwitzen.
- Eine Auflaufform einfetten und eine Schicht Spätzle hineingeben, danach ein bisschen vom Zwiebel-Jungzwiebel-Gemisch darauf verteilen, als Nächstes mit geriebenem Käse bestreuen.
- Diese Vorgänge wiederholen, bis alles aufgebraucht ist.
- Die letzte Schicht besteht aus Käse, mit Salz und Pfeffer würzen, im vorgeheizten Backofen bei 180 °C goldbraun überbacken, herausnehmen und mit Schnittlauchröllchen bestreuen.

Zubereitungszeit ca. 30 Minuten

Zutaten für 2 Personen

Spätzleteig
200 g Mehl
1 Ei
1 Prise ger. Muskatnuss
Wasser
Salz

1 EL Butter
1/2 fein geschnittene Zwiebel
2 fein geschnittene Jungzwiebeln (das Grüne auch verwenden!)
Margarine für die Auflaufform
50 g geriebener Bergkäse
je 25 g geriebener Tilsiter und Gruyère
Salz und Pfeffer
Schnittlauchröllchen zum Bestreuen

Omas Krautnocken

- Sauerkraut mit Wasser aufgießen, mit Kümmel und zerkleinertem Suppenwürfel würzen, ca. 10 Minuten weich kochen und absieben.
- Aus dem Mehl, Ei, Salz und Wasser einen lockeren Teig rühren.
- Kleine Nocken ausstechen und in gesalzenem Wasser so lange kochen, bis sie oben schwimmen.
- Die Nocken herausnehmen, mit kaltem Wasser abschrecken und mit dem Sauerkraut mischen.
- Den klein geschnittenen Speck auslassen, die Krautnocken darin kurz schmelzen.

Zubereitungszeit ca. 25 Minuten

Zutaten für 2 Personen
500 g Sauerkraut
125 ml Wasser
Kümmel nach Belieben
1 Suppenwürfel
250 g Mehl
1 Ei
Salz
etwas Wasser
100 g Speck

Parmesannocken

Zutaten für 2 Personen
200 g Mehl
Salz
1 Ei
ca. 125 ml Wasser
50 g Margarine
50 g Parmesan

- Mehl in eine Schüssel geben, salzen und das Ei darüber-schlagen. So viel Wasser einrühren, dass ein fester Teig entsteht.
- Mit einem Löffel kleine Nocken aus dem Teig stechen und in kochendes Salzwasser geben.
- Je nach Größe 5 bis 10 Minuten langsam köcheln lassen, abseihen und in heißer Margarine schwenken.
- Anrichten und mit Parmesan bestreuen.

Zubereitungszeit ca. 20 Minuten

Überbackene
Spinatnocken

Zutaten für 2 Personen
150 g Mehl
2 EL Spinat
2 EL Öl
125 ml Wasser
Salz
1 Ei
100 g Goudakäse
1 EL fein geschnittene Petersilie
Margarine und Brösel für die Form

- Das Mehl mit Spinat, dem Öl, Wasser, Salz und Ei zu ei-nem Teig rühren. 20 Minuten ruhen lassen.
- Mit einem Löffel kleine Nocken aus dem Teig stechen und in kochendes Salzwasser geben.
- Wenn die Nocken oben schwimmen, abseihen.
- Die Nocken in eine bebutterte und bebröselte Auflauf-form geben. Geriebenen Gouda über die Nocken geben und im Backofen so lange backen, bis der Käse goldgelb ist. Mit Petersilie garnieren.

Zubereitungszeit ca. 30 Minuten
Wartezeit ca. 20 Minuten

Eiernocken

- Aus Mehl, Öl, Milch, 2 Eiern und Salz einen Teig rühren.
- Mit einem Löffel kleine Nocken aus dem Teig stechen, in kochendes Salzwasser geben und so lange kochen, bis sie an der Oberfläche schwimmen, abseihen.
- Speck kleinwürfelig schneiden und knusprig rösten. Nocken dazugeben.
- Das restliche Ei mit 1 EL Milch verquirlen, mit Salz und Pfeffer würzen und über die Nocken gießen.
- Kurz stocken lassen.

Zubereitungszeit ca. 30 Minuten

Zutaten für 2 Personen
200 g Mehl
2 EL Öl
ca. 125 ml Milch
3 Eier
Salz und Pfeffer
50 g durchwachsener Speck
1 EL Milch

Speck-Zwiebel-Kuchen

- Aus Mehl, Margarine und Salz einen Teig kneten. 20 Minuten rasten lassen.
- In der Zwischenzeit Margarine in einem Topf zergehen lassen, den klein geschnittenen Speck hineingeben und alles gut durchrösten.
- Die klein geschnittenen Zwiebeln dazugeben und 20 Minuten dünsten lassen.
- Mit Mehl stauben und mit Milch aufgießen, kurz aufkochen. Auskühlen lassen.
- Das Ei einrühren, mit Salz und Muskat würzen.
- Den Teig in eine Tortenform geben und am Rand 2 cm hochdrücken.
- Die Zwiebelmasse darauf verteilen und im Backofen bei 150 °C 40 Minuten backen.
- Sofort servieren.

Zutaten für 2 Personen
150 g Mehl
100 g zerlassene Margarine
Salz

Zwiebelmasse
50 g Margarine
100 g Bauchspeck
400 g Zwiebeln
1 EL Mehl
ca. 125 ml Milch
1 Ei
Salz
1 Msp. ger. Muskat

Zubereitungszeit ca. 60 Minuten

Bauerngröstl

- Die Erdäpfel schälen und in kleine Würfel schneiden. In der Suppe 15 Minuten kochen.
- Den Lauch putzen, waschen und klein schneiden. Die Paprika halbieren, entkernen, waschen und in kleine Vierecke schneiden. Die Wurst in kleine Würfel schneiden.
- Öl in einer Pfanne erhitzen, die abgetropften Erdäpfel hineingeben und anbraten. Anschließend den Lauch, Paprika und Wurst hinzufügen und alles gut abrösten.
- Den Käse darüberreiben und schmelzen lassen.

Zutaten für 2 Personen
300 g Erdäpfel
1 l Rindsuppe (Würfel)
1 Stange Lauch
1 grüne Paprikaschote
100 g Hartwurst
3 EL Öl
50 g Gouda

Zubereitungszeit ca. 35 Minuten

Specklaibchen nach Bauernart

Zutaten für 2 Personen
1 Zwiebel
50 g Frühstücksspeck
1 Karotte
200 g Erdäpfel
Mehl zum Stauben
2 EL Kräuter nach Belieben
125 ml Rindsuppe
3 EL Öl

- Die Zwiebel schälen und fein schneiden.
- Den Speck kleinwürfelig schneiden.
- Die Karotte schälen und fein raspeln.
- Die Erdäpfel schälen, waschen und fein raspeln.
- Die vorbereiteten Zutaten mit Mehl stauben, Kräuter dazugeben und gut vermengen.
- Die Suppe darübergießen und alles gut vermischen.
- Aus der Masse Laibchen formen und in wenig Öl beidseitig ausbacken.

Zubereitungszeit ca. 30 Minuten

Dinkelrösti

Zutaten für 2 Personen
120 g Dinkel
500 ml Rindsuppe
300 g Karfiol
3 Paradeiser
1 EL Öl
Salz und Pfeffer
2 Msp. ger. Muskat
1 TL Paprikapulver
frische Kräuter nach Belieben

- Den Dinkel in die Suppe geben und bei mäßiger Hitze 30 bis 40 Minuten garen.
- Den Karfiol putzen, waschen und in kleine Röschen schneiden, zum Dinkel dazugeben und so lange kochen, bis die Flüssigkeit verdampft ist.
- Die Paradeiser enthäuten und in Stücke schneiden.
- Den gekochten Dinkel mit dem Karfiol in einer Pfanne mit Öl anrösten.
- Die Paradeiser dazugeben, mit Salz, Pfeffer, Muskat und Paprikapulver würzen.
- Dinkelrösti anrichten und mit frischen Kräutern bestreuen.

Zubereitungszeit ca. 60 Minuten

Fleischschmarren

- Die Semmel blättrig schneiden, das Fleisch würfelig schneiden.
- Die Petersilie waschen und klein hacken, mit Semmeln und Fleisch in einer Schüssel vermischen.
- Das Ei mit dem Salz und der Milch verquirlen und über die Masse gießen. Gut ansaugen lassen und kurz durchkneten.
- Die Butter in der Pfanne heiß werden lassen und die Masse darin goldgelb rösten.

Zubereitungszeit ca. 20 Minuten

Zutaten für 2 Personen
3 altbackene Semmeln
100 g Selchfleisch oder Bratenreste
1 Bund Petersilie
1 Ei
Salz
250 ml Milch
30 g Butter

Bauernomelett

Zutaten für 2 Personen
300 g Erdäpfel
30 g Margarine
1 Zwiebel
1 grüne Paprikaschote
60 g Bauchspeck
2 zerdrückte Knoblauchzehen
5 Eier
Salz und Pfeffer

- Die Erdäpfel schälen, waschen, kleinwürfelig schneiden und in Margarine knusprig anbraten.
- Die Zwiebel schälen, klein schneiden, die Paprikaschote halbieren, entkernen, waschen und in Streifen schneiden.
- Den Speck klein schneiden und mit dem Knoblauch und den übrigen vorbereiteten Zutaten zu den Erdäpfeln geben und mitbraten.
- Die Eier verquirlen, mit Salz und Pfeffer würzen, über die Erdäpfelmasse geben und stocken lassen.
- Dazu passt grüner Salat.

Zubereitungszeit ca. 25 Minuten

Schinkenomelett

Zutaten für 2 Personen
40 g gekochter Schinken
2 Eier
1 Prise Salz
Petersilie
etwas Butter
Parmesan zum Bestreuen

- Den Schinken kleinwürfelig schneiden.
- Die Eier verquirlen, salzen und mit dem Schinken und der fein geschnittenen Petersilie gut verrühren.
- Butter in einer Pfanne heiß werden lassen, die Hälfte der Eimasse hineingießen. Mit einer Gabel vorsichtig lockern, stocken lassen.
- Das Omelett einschlagen (zusammenklappen) und mit Parmesan bestreuen. Mit der anderen Hälfte der Eimasse das zweite Omelett zubereiten.
- Dazu passt grüner Salat.

Zubereitungszeit ca. 20 Minuten

Holzhackerpalatschinken

- Für den Teig das Mehl mit 85 ml Milch und den Eiern verrühren. Restliche Milch einrühren, bis der Teig dünnflüssig geworden ist, salzen.
- In einer Pfanne etwas Butter aufschäumen lassen, den Teig portionsweise hineingießen und dünn ausbacken.
- Für die Fülle die in Salzwasser gekochten Erdäpfel schälen und noch heiß passieren.
- Den Graukäse zerkleinern und über die Erdäpfel streuen, die fein geschnittene Zwiebel, die Hälfte der Schnittlauchröllchen, Salz und Pfeffer untermengen und mit Obers verfeinern.
- Die Palatschinken damit füllen, zuletzt mit den restlichen Schnittlauchröllchen bestreuen und sofort servieren.

Zubereitungszeit ca. 40 Minuten

Zutaten für 2 Personen

Teig
130 g Mehl
250 ml Milch
2 Eier
Salz

Butter zum Ausbacken

Fülle
150 g Erdäpfel
50 g Graukäse
1 kleine Zwiebel
1 Bund fein geschnittener Schnittlauch
Salz und Pfeffer
3 EL Obers

Pilze auf Eierspeise

Zutaten für 2 Personen
300 g Steinpilze
50 g Butter
Salz und Pfeffer
125 ml Obers

Eierspeise
1/2 Bund Schnittlauch
3 Eier
50 g Butter
Salz

- Die Pilze putzen, waschen und klein schneiden.
- Die Butter in einem Topf heiß werden, die klein geschnittenen Pilze dazugeben und mit Salz und Pfeffer würzen. 10 Minuten rösten lassen.
- Mit Obers aufgießen und einmal kurz aufkochen lassen, anschließend warm stellen.
- Eierspeise: Den Schnittlauch waschen und in kleine Röllchen schneiden.
- Eier in eine Schüssel schlagen und mit Salz und den Schnittlauchröllchen würzen.
- Mit dem Schneebesen gut verrühren.
- Die Butter in der Pfanne zerlassen, Eimasse hinzufügen und kurz rösten.
- Die Rühreier auf Tellern anrichten und mit den Pilzen garnieren.

Zubereitungszeit ca. 25 Minuten

Rote Eier

Zutaten für 2 Personen
1 große Zwiebel
3 Knoblauchzehen
1 TL Margarine
250 ml passierte Paradeiser
125 ml kräftige Fleischsuppe
Salz und Pfeffer
4 Eier

- Die Zwiebel fein schneiden, den Knoblauch pressen und beides in einer Pfanne in heißer Margarine goldgelb anrösten.
- Mit den passierten Paradeisern aufgießen, Suppe dazugeben, salzen und pfeffern und 20–30 Minuten leicht köcheln lassen.
- Die Eier nacheinander aufschlagen und in die Sauce geben. Zudecken und weitere 5 Minuten köcheln lassen.

Zubereitungszeit ca. 40 Minuten

Haferflocken-Omelett

- Aus Milch, Mehl und Ei einen Teig rühren.
- Die Haferflocken in einer beschichteten Pfanne braun rösten und unter den Teig geben, salzen.
- Die Zwiebel klein schneiden und in einer Pfanne in heißem Öl anrösten.
- Die Karotten in Streifen schneiden und zu den Zwiebeln geben.
- Mit Rindsuppe aufgießen und weich dünsten.
- Die Butter in einer Pfanne heiß werden lassen, den Teig hineingeben und beidseitig goldgelb backen.
- Die Omeletts mit dem Karottengemüse füllen und einschlagen (zusammenklappen). Heiß servieren.

Zutaten für 2 Personen
250 ml Milch
50 g Mehl
1 Ei
30 g Haferflocken
1 Zwiebel
1 EL Öl
150 g Karotten
etwas Rindsuppe
50 g Butter
Salz und Pfeffer

Zubereitungszeit ca. 40 Minuten

Jägerpfanne

Zutaten für 2 Personen
20 g Steinpilze
10 g Frühlingszwiebeln
50 g Butter
Salz und Pfeffer

Braterdäpfel
400 g rohe Erdäpfel
50 g Butter
Salz und Pfeffer
1 TL Kümmel

- Die Pilze putzen und waschen.
- Die Frühlingszwiebeln schälen und klein schneiden
- Butter in der Pfanne erhitzen, die Pilze darin kurz anrösten.
- Die klein geschnittenen Frühlingszwiebeln dazugeben und alles 10 Minuten durchrösten.
- Mit Salz und Pfeffer würzen.
- Für die Braterdäpfel die rohen Erdäpfel waschen, schälen und in dünne Scheiben schneiden.
- Butter in der Pfanne erhitzen, die geschnittenen Erdäpfel dazugeben und mit Salz, Pfeffer und Kümmel würzen.
- Die Erdäpfel so lange rösten, bis sie durch sind.
- Zuletzt die Pilze unterrühren.
- Auf Tellern anrichten und servieren.

Zubereitungszeit ca. 35 Minuten

Käse-Erdäpfel-Püfferchen

Zutaten für 2 Personen
500 g gekochte Erdäpfel
1 Ei
Salz und Pfeffer
70 g Mehl
150 g Käsescheiben
100 g Brösel
Öl zum Ausbacken

- Die gekochten Erdäpfel schälen und pürieren.
- Das Ei daruntermischen und mit Salz und Pfeffer würzen.
- Das Mehl untermengen und anschließend Laibchen formen.
- Auf der Seite einschneiden und je eine Käsescheibe hineingeben, in Bröseln wenden.
- Das Öl in der Pfanne erhitzen, anschließend die Erdäpfelpüfferchen bei mittlerer Hitze beidseitig goldbraun backen.
- Dazu Salat nach Wahl.

Zubereitungszeit ca. 40 Minuten

Geschnetzeltes mit Champignons

- Die Zwiebel schälen und klein schneiden, das Fleisch in dünne Streifen schneiden.
- Das Öl in einer Pfanne erhitzen, die Zwiebelstückchen darin anschwitzen.
- Das Fleisch dazugeben, mit Salz und Pfeffer würzen und kurz anbraten. Mit der Suppe aufgießen und 30 Minuten köcheln lassen.
- Die geschnittenen Champignons und das Obers hinzufügen. 5 Minuten leicht köcheln lassen.
- Maisstärke in etwas kaltem Wasser anrühren und unter die Sauce rühren. Kurz aufkochen und anschließend auf Tellern anrichten.
- Dazu passt Reis.

Zutaten für 2 Personen
1 Zwiebel
250 g Schweinefleisch
(von der Schulter)
40 ml Öl
Salz und Pfeffer
200 ml Gemüsesuppe
100 g Champignons
80 ml Obers
1 TL Maisstärke

Zubereitungszeit ca. 50 Minuten

Ragout
mit Faschiertem und Petersilie

Zutaten für 2 Personen
1 Zwiebel
1 Bund Petersilie
50 g Butter
200 g Faschiertes
Salz und Pfeffer
1 Apfel
50 g saure Gurken
250 ml Gemüsesuppe
1 EL Paprikapulver

- Die Zwiebel schälen und klein schneiden, die Petersilie waschen und fein hacken.
- Die Butter in einem Topf zerlaufen lassen, die klein geschnittene Zwiebel, fein gehackte Petersilie und das Faschierte in den Topf geben und alles gut durchrösten.
- Mit Salz und Pfeffer würzen.
- Den Apfel schälen, vierteln, vom Kerngehäuse befreien, in kleine Stücke schneiden und zum Gehackten geben, Gurken ebenfalls klein hacken und dazugeben.
- Mit Suppe aufgießen, das Paprikapulver einrühren.
- Alles 10 Minuten köcheln lassen.
- Dazu passen Salzerdäpfel oder auch Reis.

Zubereitungszeit ca. 35 Minuten

Pilzgulasch

Zutaten für 2 Personen
300 g gemischte Pilze
50 g Butter
1 EL Paprikapulver
250 ml Gemüsesuppe
Salz und Pfeffer
1/2 Bund Petersilie
10 g Maisstärke
1 EL kaltes Wasser

- Die Pilze putzen, waschen und klein schneiden.
- Die Butter in einem Topf aufschäumen lassen, die Pilze dazugeben und darin andünsten.
- Mit Paprikapulver würzen und mit der Gemüsesuppe aufgießen.
- Mit Salz und Pfeffer würzen.
- Fein gehackte Petersilie dazugeben und 15 Minuten bei niedriger Temperatur garen.
- Maisstärke in kaltem Wasser anrühren und unter das Pilzgulasch rühren, einmal kurz aufkochen lassen und auf Tellern anrichten.
- Dazu passen am besten Semmelknödel.

Zubereitungszeit ca. 35 Minuten

Fischfilets mit Zitronensauce

- Die küchenfertig vorbereiteten Fischfilets mit Salz und Pfeffer würzen.
- Das Öl in einer beschichteten Pfanne erhitzen, die Fischfilets darin von jeder Seite 2 bis 3 Minuten braten, anschließend herausnehmen und warm stellen.
- Die Gemüsesuppe ins Bratfett gießen und 5 Minuten leicht köcheln lassen.
- Danach den Zitronensaft einrühren und noch einmal kurz aufkochen.
- Die Pfanne von der Herdplatte nehmen, Obers einrühren und die Petersilie darunterziehen.
- Die Filets mit der Sauce servieren.
- Dazu passen Petersilienerdäpfel.

Zutaten für 2 Personen
300 g Fischfilets
Salz und Pfeffer
40 ml Öl
80 ml Gemüsesuppe
Saft einer 1/2 Zitrone
2 EL Obers
1 EL gehackte Petersilie

Zubereitungszeit ca. 15 Minuten

Sollten Sie nicht ein besonders günstiges Angebot an Fischfilets ergattern, so wird dieses Gericht ausnahmsweise mehr als 1 Euro pro Person kosten.

Erdäpfeltaschen

Zutaten für 2 Personen
500 g Erdäpfel
(am Vortag gekocht)
100 g Margarine
1 Scheibe Vollkornbrot
2 EL Weizenmehl
2 Msp. ger. Muskat
Salz
4 Frühlingszwiebeln

- Bereits am Vortag die Erdäpfel in Salzwasser kochen, schälen und durch die Erdäpfelpresse drücken. Die Erdäpfelmasse auf ein Backblech legen und erkalten lassen. Mit einem Tuch oder einer Folie zudecken und über Nacht ruhen lassen.
- Margarine in einer Pfanne erhitzen und die klein geschnittenen Brotwürfel darin knusprig braun anbraten.
- Die Zwiebeln in kleine Ringe schneiden.
- Die Erdäpfelmasse mit Mehl, Muskat und Salz gut vermischen.
- Eine Rolle von 7 cm Durchmesser formen und pro Erdäpfeltasche zwei 3 cm dicke Scheiben schneiden.
- Die Scheiben auf einer bemehlten Fläche auf 1 cm flach drücken.
- Je Erdäpfeltasche eine Scheibe mit einigen Brotwürfeln und Zwiebelringen belegen, die andere Scheibe darauflegen und den Rand zusammendrücken.
- Erdäpfeltaschen in eine ausgebutterte Auflaufform geben und im Backofen bei 180 °C 40–45 Minuten backen.
- Dazu passt Sauerkraut.

Zubereitungszeit 1 Stunde, 45 Minuten

Schinken-Käse-Erdäpfel-Gratin

Zutaten für 2 Personen
500 g Erdäpfel
Butter für die Form
100 g gekochter Schinken
50 g Butter
150 g Mehl
250 ml Milch
Salz und Pfeffer
1 Msp. Muskat
1 TL Kümmel
50 g geriebener Käse nach Wahl

- Die Erdäpfel kochen und ca. 30 Minuten auskühlen lassen.
- Die Erdäpfel schälen, in Scheiben schneiden und in eine ausgebutterte Auflaufform geben.
- Die Schinkenscheiben darübergeben.
- Butter in der Pfanne heiß werden lassen, das Mehl darin anschwitzen. Mit Milch aufgießen und mit dem Schneebesen glatt rühren, mit Salz und Pfeffer, Muskat und Kümmel würzen und 10 Minuten köcheln lassen.
- Diese Masse über die Erdäpfel gießen und mit geriebenem Käse bestreuen.
- Im vorgeheizten Backofen bei 250 °C ca. 30 Minuten backen.

Zubereitungszeit 40 Minuten
Wartezeit 30 Minuten

Panierte Leber

- Die Leber unter fließendem Wasser waschen und in 2 cm dicke Stücke schneiden, salzen und pfeffern.
- Die Eier mit Milch verquirlen.
- Die Leberstücke zuerst in Mehl wenden, dann durch die verquirlten Eier ziehen, zuletzt in den Bröseln wälzen.
- Das Öl in eine Pfanne geben und erhitzen. Die panierten Leberstücke darin beidseitig goldbraun ausbacken.
- Dazu passt Erdäpfelsalat.

Zubereitungszeit ca. 30 Minuten

Zutaten für 2 Personen
500 g frische Schweinsleber
Salz und Pfeffer
2 Eier
etwas Milch
50 g Mehl
100 g Brösel
300 ml Öl

Leberlaibchen

Zutaten für 2 Personen
250 g faschierte Leber
2 EL Semmelbrösel
1 Ei
2 gepresste Knoblauchzehen
Salz und Pfeffer
3 EL Öl zum Braten

- Die Leber mit den Semmelbröseln, Knoblauch, Ei, Salz und Pfeffer vermischen.
- Das Öl in eine Pfanne geben und heiß werden lassen, löffelweise die Lebermasse hineingeben und von beiden Seiten ca. 2 Minuten braten.
- Dazu passt Erdäpfelpüree.

Zubereitungszeit ca. 10 Minuten

Blutwurstgröstl

Zutaten für 2 Personen
700 g Erdäpfel
1 Zwiebel
60 g Butter
1 Blutwurst
etwas Kümmel
Salz und Pfeffer

- Die Erdäpfel in Salzwasser kochen und auskühlen lassen.
- Die Erdäpfel schälen und blättrig schneiden.
- Die Zwiebel schälen, klein schneiden und in einer beschichteten Pfanne in heißer Butter goldbraun anrösten.
- Die Erdäpfel dazugeben, mit Kümmel, Salz und Pfeffer würzen.
- Die Erdäpfelscheiben gut rösten, anschließend die in Scheiben geschnittene Blutwurst dazugeben, unter die geröstete Erdäpfelmasse rühren und alles nochmals kurz durchrösten.
- Dazu passt jegliche Art von grünem Salat.

Zubereitungszeit ca. 30 Minuten
Wartezeit ca. 30 Minuten

Leber gedünstet

Zutaten für 2 Personen
500 g Rindsleber
3 EL Öl
250 ml Rindsuppe
130 ml Obers
Salz und Pfeffer

- Die Leber unter fließendem Wasser waschen und blättrig schneiden.
- Das Öl in der Pfanne erhitzen und die Leberscheiben ca. 3 Minuten darin anbraten. Anschließend mit der Suppe aufgießen und 20 Minuten leicht köcheln lassen. Obers dazugeben und zuletzt mit Salz und Pfeffer würzen.
- Dazu passt Reis.

Zubereitungszeit ca. 30 Minuten

Saures Herz

- Das Herz halbieren, Adern herausschneiden und unter fließendem Wasser gut abspülen.
- Das Herz in einen Topf mit Wasser geben, salzen und 1 Stunde leicht köcheln lassen.
- Die Karotte und die Sellerieknolle waschen, putzen und dazugeben, weitere 30 Minuten kochen.
- Das Herz und das Wurzelgemüse aus dem Kochwasser nehmen und ca. 45 Minuten auskühlen lassen.
- Das Herz in dünne Scheiben schneiden und auf Tellern anrichten.
- Paprika und Zwiebel in feine Ringe schneiden und auf den Herzscheiben verteilen.
- Aus Olivenöl, Essig, Salz und Pfeffer eine Marinade rühren und über die Paprika-Zwiebel-Ringe träufeln.

Zubereitungszeit ca. 1 Stunde, 45 Minuten
Wartezeit ca. 45 Minuten

Zutaten für 2 Personen
500 g Kalbsherz
1 1/2 l Wasser
1 Karotte
1 Sellerieknolle
Salz
1 grüne Paprika
1 Zwiebel

Marinade
Olivenöl
Essig
Salz und Pfeffer

Beuschel

Zutaten für 4 Personen
500 g Herz
500 g Lunge
2 l Wasser
1 Sellerie
2 Gelbe Rüben
1 Bund Petersilie
2 EL Öl
40 g Mehl
1 l Suppe
Salz und Pfeffer
1 Schuss Essig

- Das Herz halbieren, Adern herausschneiden und unter fließendem Wasser gut abspülen. Die Lunge ebenfalls gut abspülen und zusammen mit dem Herz in einen großen Topf Wasser geben. Sellerie und Gelbe Rüben waschen und putzen und mit der Petersilie dazugeben.
- Salzen und 2 1/2 Stunden kochen lassen.
- Lunge und Herz herausnehmen und auskühlen lassen.
- Die Knorpeln aus der Lunge entfernen, Lunge und Herz in kleine Streifen schneiden.
- Das Öl in einem Topf erhitzen, das Mehl darin goldgelb anrösten, mit Suppe aufgießen und anschließend mit dem Schneebesen so lange rühren, bis sich alle Mehlklümpchen aufgelöst haben. Mit Salz und Pfeffer würzen.
- Die Innereien dazugeben und 10 Minuten kochen lassen.
- Zuletzt mit einem Schuss Essig verfeinern.
- Dazu passen Semmelknödel.

Zubereitungszeit ca. 4 Sunden, 30 Minuten
Wartezeit ca. 30 Minuten

Geschnetzelte Nieren

Zutaten für 2 Personen
2 Schweinsnieren
250 ml Milch
3 EL Öl
250 ml heiße Suppe (vom Rind)
Salz und Pfeffer
etwas Majoran
1/2 EL Mehl
125 ml Obers

- Die Nieren in der Mitte teilen und 8 Stunden in die Milch einlegen.
- Die abgetropften Nieren in dünne Scheiben schneiden.
- Das Öl in eine beschichtete Pfanne geben, erhitzen und die Nierenscheibchen darin ca. 3 Minuten anbraten.
- Mit der Suppe aufgießen, mit Salz, Pfeffer und Majoran würzen, anschließend 20 Minuten leicht köcheln lassen.
- Mehl mit Obers gut vergirlen, diese Mischung zu den Nieren geben und unter ständigem Rühren kurz aufkochen lassen.
- Zusammen mit Reis oder auch Hörnchennnudeln servieren.

Zubereitungszeit ca. 40 Minuten
Wartezeit ca. 8 Stunden

Gerstlrisotto

- Die eingeweichte Gerste abseihen.
- Das Gemüse nacheinander putzen, schälen und klein schneiden und in einer Pfanne in heißem Öl anschwitzen. Mit Gemüsesuppe aufgießen.
- Die Gerste dazugeben und 15 Minuten leicht köcheln lassen.
- Mit Parmesan, Salz und Pfeffer bestreuen und gut durchmischen.
- Dazu passt grüner Salat.

Zubereitungszeit ca. 30 Minuten

Zutaten für 2 Personen
150 g Rollgerste
(über Nacht einweichen)
250 g Sellerieknolle
100 g Karotten
1 Zwiebel
2 EL Öl
500 ml Gemüsesuppe
50 g Parmesan
Salz und Pfeffer

Grießknödel auf Vanillesauce

- Milch mit Salz zum Kochen bringen.
- Den Grieß einrühren und so lange rühren, bis ein Kloß entsteht, auskühlen lassen, anschließend das Ei unterrühren.
- Kleine Knödel formen und in kochendem Salzwasser 15 Minuten leicht köcheln lassen.
- Eidotter mit Staubzucker, Vanillezucker und Obers über einem heißen Wasserbad und unter ständigem Schlagen wärmen, bis sich die Sauce bindet.
- Die Grießknödel auf Teller geben, die Vanillesauce darübergießen und mit Erdbeeren garnieren.

Arbeitszeit ca. 35 Minuten
Wartezeit ca. 15 Minuten

Zutaten für 2 Personen
250 ml Milch
Salz
60 g Grieß
1 Ei
2 Eidotter
1 EL Staubzucker
1 P. Vanillezucker
125 ml Obers
50 g Erdbeeren zum Garnieren

Grießschmarren

- Milch, Ei und Salz gut verquirlen, Grieß dazugeben und 60 Minuten rasten lassen.
- Die Masse in eine Pfanne mit heißer Butter geben, Rosinen und Zitronenschale daruntermischen.
- Bei mittlerer Hitze langsam und ohne umrühren backen.
- Vor dem Anrichten in Stücke reißen und Zucker darüberstreuen.
- Dazu passt Kompott.

Zubereitungszeit ca. 25 Minuten
Wartezeit ca. 60 Minuten

Zutaten für 2 Personen
250 ml Milch
1 Ei
Salz
100 g Grieß (grob)
60 g Butter
50 g Rosinen
abgeriebene Schale von
1 Zitrone (unbehandelt)
Zucker zum Bestreuen

Reisauflauf

Zutaten für 2 Personen
300 ml Milch
40 g Rundkornreis
2 Eier
1 EL Honig
1 Prise Salz
150 g Äpfel
Saft von 1 Zitrone
Margarine für die Form
2 EL Mandelsplitter

- Milch und Reis zu einem Brei kochen.
- Die Eier trennen. Die Eidotter in eine Schüssel geben und mit Honig schaumig rühren. Den Reisbrei dazugeben.
- Das Eiklar mit Salz steif schlagen und unter die Masse rühren.
- Die Äpfel schälen, klein schneiden und mit dem Zitronensaft beträufeln.
- Die Hälfte von der Reismasse in eine ausgebutterte Auflaufform geben.
- Die Äpfel darüberstreuen und die restliche Masse darauf verteilen.
- Mit Mandelsplittern bestreuen und im Backofen auf der mittleren Schiene bei 180 °C 40 Minuten backen.

Zubereitungszeit ca. 1 Stunde, 20 Minuten

Süße Reisnocken

Zutaten für 2 Personen
80 g Rundkornreis
250 ml Milch
1 Prise Salz
80 g Margarine
80 g Staubzucker
3 Eidotter
1 P. Vanillezucker
geriebene Zitronenschale
3 Eiklar
50 g Mehl
Margarine zum Backen
Staubzucker zum Bestreuen

- Reis in die kochende und gesalzene Milch geben und bei milder Hitze 30 Minuten ausquellen lassen. Kalt stellen.
- Margarine mit Zucker flaumig rühren, die Eidotter dazugeben. Vanillezucker, geriebene Zitronenschale und Reis unterheben.
- Eiklar zu Schnee schlagen und abwechselnd mit Mehl unter die Reismasse heben.
- Margarine in einer Pfanne heiß werden lassen, die Hälfte der Reismasse einfüllen und bei leichter Hitze beidseitig backen.
- Anschließend mit der Gabel zerkleinern und fertig backen. Vorgang mit der zweiten Hälfte der Reismasse wiederholen.

Zubereitungszeit ca. 60 Minuten
Wartezeit ca. 30 Minuten

Milchreis

Zutaten für 2 Personen
1 l Milch
100 g Rundkornreis
2 EL Rosinen
Zucker
Zimt

- Die Milch zum Kochen bringen, Reis dazugeben und unter Rühren weich kochen.
- Die Rosinen einrühren.
- Auf Tellern anrichten und mit Zucker und Zimt bestreuen.

Zubereitungszeit ca. 30 Minuten

Topfenpalatschinken

- Eier, Zucker, Salz, Topfen, Mehl und Milch mit dem Schneebesen schaumig rühren.
- Etwas Butter in einer beschichteten Pfanne heiß werden lassen.
- Ein Viertel des Teiges in die Pfanne geben und beidseitig backen.
- Auf eine vorgewärmte Platte gleiten lassen und warm stellen, mit dem restlichen Teig den Vorgang noch drei Mal wiederholen.
- Die Palatschinken einmal einschlagen und mit Staubzucker bestreuen.
- Dazu passt jegliches Kompott.

Zutaten für 2 Personen
2 Eier
1 EL Zucker
Salz
250 g Topfen
200 g Mehl
370 ml Milch
80 g Butter
Staubzucker zum Bestreuen

Zubereitungszeit ca. 35 Minuten

Topfenknödel

Zutaten für 2 Personen
50 g Butter
1 Ei
Salz
250 g Topfen
5 EL Grieß
4 EL Mehl

Butterbrösel
40 g Butter
80 g Brösel
Zucker zum Bestreuen

- Aus Butter, Ei, Salz und dem passierten Topfen einen Teig bereiten.
- Grieß und Mehl einarbeiten und die Masse in einer Schüssel gut verrühren.
- Mit einem nassen Löffel Knödel formen und ins kochende Salzwasser geben. 12 Minuten leicht köcheln lassen.
- Die Brösel in heißer Butter anrösten, die Knödel darin wälzen und mit Zucker bestreuen.

Zubereitungszeit ca. 30 Minuten

Topfennocken mit Zimt

Zutaten für 2 Personen
1 Ei
4 EL Zucker
Salz
20 g Mehl
250 g Topfen
1 EL Zitronensaft
70 g Butter
1 TL Zimt
Staubzucker zum Bestreuen

- Das Ei mit 2 EL Zucker und Salz verquirlen.
- Mehl, Topfen und Zitronensaft unterrühren.
- Nocken formen und in leicht kochendes Salzwasser geben, bei kleiner Hitze 10 Minuten garen.
- Die Butter in einer Pfanne leicht bräunen, 2 EL Zucker und 1 TL Zimt einrühren.
- Die Nocken abseihen, auf Tellern anrichten und die heiße gebräunte Buttermischung darübergießen.
- Vor dem Servieren mit Staubzucker bestreuen.

Zubereitungszeit ca. 30 Minuten

Topfenauflauf mit Ribiseln

- Die Ribiseln waschen, abtropfen lassen und von den Rispen streifen.
- Das Ei trennen, Eidotter mit Topfen, Staubzucker, Vanillezucker und Backpulver verrühren.
- Das Eiklar steif schlagen, den Zucker vorsichtig unterheben.
- Den Eischnee unter die Topfenmasse heben.
- Zwei Drittel der Ribiseln unter die Topfenmasse ziehen.
- Auflaufform ausbuttern und mit der Topfenmasse füllen.
- Die restlichen Beeren darauf verteilen.
- Im vorgeheizten Backofen bei 170 °C ca. 30 Minuten backen.
- Vor dem Servieren mit Staubzucker bestreuen.

Zubereitungszeit ca. 50 Minuten

Zutaten für 2 Personen
250 g Ribiseln
1 Ei
250 g Topfen
50 g Staubzucker
1 P. Vanillezucker
1 P. Backpulver
50 g Zucker
20 g Butter für die Form
Staubzucker zum Bestreuen

Milchnocken

Zutaten für 2 Personen
2 Eier
50 g Butter
3 EL Mehl
1 Prise Salz
500 ml Milch
1 P. Vanillezucker
Staubzucker zum Bestreuen

- Die Eier trennen, das Eiklar zu einem steifen Schnee schlagen.
- Butter, Eidotter, Mehl und Salz zu einem Teig rühren, den Eischnee unterheben.
- Mit einem Teelöffel Nocken ausstechen.
- Die Milch mit Vanillezucker in einem Topf zum Kochen bringen, die Nocken hineingeben und 15 Minuten leicht köcheln lassen.
- Auf Tellern anrichten und vor dem Servieren mit Staubzucker bestreuen.

Zubereitungszeit ca. 35 Minuten

Milchnudeln

Zutaten für 2 Personen

Für den Teig
200 g Mehl
1 Ei
Salz
lauwarmes Wasser

Zum Kochen
1 l Milch
etwas Salz

Für den Belag
zerlassene Butter
Zucker und Zimt

- Die Zutaten für den Teig zu einem festen Teig zusammenkneten. Daraus Teigflecken auswalken und mit Mehl bestreuen, einrollen und schmale Nudeln schneiden.
- Milch in einer großen Pfanne zum Kochen bringen, salzen.
- Die Nudeln in die kochende Mich geben und 15 Minuten kochen lassen.
- Die fertigen Milchnudeln mit zerlassener brauner Butter übergießen.
- Mit Zucker und Zimt servieren.

Zubereitungszeit ca. 30 Minuten

Brotkichl

- Die Toastscheiben mit Marmelade bestreichen, diagonal halbieren und zusammenklappen.
- Mehl, Ei, Milch und Salz mit dem Schneebesen verquirlen.
- Die zusammengeklappten Toastscheiben in den Teig dunken und in Öl schwimmend beidseitig goldgelb herausbacken.
- Vor dem Servieren mit Staubzucker bestreuen.

Zubereitungszeit ca. 15 Minuten

Zutaten für 2 Personen
4 Toastscheiben
100 g Marmelade nach Wahl
100 g Mehl
1 Ei
Salz
130 ml Milch
200 ml Öl zum Ausbacken
Staubzucker zum Bestreuen

Omas Brotschmarren

Zutaten für 2 Personen
3 altbackene Semmeln
250 ml Milch
3 Eier
Salz
1 Prise Zucker
60 g Butter
50 g Rosinen

- Die Semmeln blättrig schneiden und in eine Schüssel geben.
- Die Milch in einem Topf erhitzen und mit einem Schneebesen die Eier hineinquirlen. Salzen und eine Prise Zucker dazugeben.
- Die Milchmasse über die geschnittenen Semmeln geben. Umrühren und ca. 15 Minuten ziehen lassen. Rosinen unterheben.
- Die Butter in einer Pfanne heiß werden lassen und den Brotschmarren so lange darin rösten, bis er goldgelb ist.

Zubereitungszeit ca. 35 Minuten

Kaiserschmarren

Zutaten für 2 Personen
200 g Mehl
3 Eidotter
2 TL Zucker
1 P. Vanillezucker
250 ml Milch
3 Eiklar
3 EL Öl
50 g Rosinen
Staubzucker zum Bestreuen

- Mehl, Eidotter, Zucker, Vanillezucker und Milch zu einem Teig rühren.
- Aus den Eiklar einen steifen Schnee schlagen und vorsichtig unter den Teig rühren.
- Öl in einer Pfanne heiß werden lassen. Den Teig eingießen, mit Rosinen bestreuen und bei kleiner Hitze goldgelb backen. Wenden, mit der Gabel zerreißen und fertig backen.
- Servieren und mit Staubzucker bestreuen.

Zubereitungszeit ca. 30 Minuten

Holunderschnitten

- Die Holunderblüten waschen, klein zupfen und in eine Schüssel legen.
- Die Milch aufkochen und über die Blüten gießen. Ca. 2 Stunden ziehen lassen.
- Butter, Eier und Zucker schaumig rühren, danach Mehl, Speisestärke und Backpulver dazugeben.
- Die Holundermilch dazugießen und die ganze Masse gut durchrühren.
- Den Teig auf das mit Backpapier ausgelegte Backblech geben und im Ofen bei 200 °C ca. 30 Minuten backen.
- Aus dem Backofen nehmen, abkühlen lassen und in 8 gleich große Schnitten schneiden.
- Mit Staubzucker bestreuen und, mit Erdbeeren garniert, auf einem Teller anrichten.

Zubereitungszeit ca. 40 Minuten
Wartezeit ca. 2 Stunden

Zutaten für 4 Personen
3 blühende Holunderdolden
50 ml Milch
120 g Butter oder Margarine
2 Eier
120 g Zucker
180 g Mehl
20 g Speisestärke
1 TL Backpulver
Backpapier für das Backblech
Staubzucker zum Bestreuen
Erdbeeren zum Garnieren

Holunderblütenpalatschinken

Zutaten für 2 Personen
100 g Mehl
50 g Maisstärke
250 ml Milch
2 Eier
4 Holunderblüten
Butter zum Backen
Staubzucker zum Bestreuen

- Mehl, Maisstärke, Milch und Eier schaumig rühren.
- Die Holunderblüten waschen, vom Stängel abzupfen und unter den Teig mischen.
- Den Teig 1 Stunde rasten lassen.
- Butter in einer beschichteten Pfanne heiß werden lassen.
- Die Hälfte des Teiges dünn in die Pfanne geben und beidseitig backen.
- Vorgang mit der zweiten Hälfte des Teiges wiederholen.
- Vor dem Servieren die Palatschinken mit Staubzucker bestreuen.

Zubereitungszeit ca. 25 Minuten
Wartezeit ca. 1 Stunde

Hollerstrauben

Zutaten für 2 Personen
4 Hollerblüten
100 g Mehl
125 ml Milch
1 Ei
Salz
Öl zum Ausbacken
2 EL Zucker
1/2 TL Zimt

- Hollerblüten waschen und auf ein Tuch zum Trocknen legen.
- Mehl, Milch, Ei und Salz zu einem Teig rühren.
- Die Hollerblüten in den Teig tauchen und schwimmend in heißem Öl goldgelb backen. Mit Zucker und Zimt bestreuen.

Zubereitungszeit ca. 20 Minuten

Holunderschmarren

Zutaten für 2 Personen
130 ml Milch
130 g Topfen
2 Eier
100 g Mehl
Salz
50 g Zucker
3 Holunderblüten
70 g Butter
Staubzucker zum Bestreuen

- Milch, Topfen, Eier, Mehl, Salz und Zucker verrühren.
- Die Holunderblüten waschen, vom Stängel abzupfen und unter den Teig mischen.
- Butter in der Pfanne heiß werden lassen und die Teigmasse von beiden Seiten goldbraun backen.
- Mit zwei Gabeln in Stücke reißen, auf Tellern anrichten und mit Staubzucker bestreuen.
- Dieser Schmarren kann auch mit Obst wie z. B. Bananen, Rosinen und Kirschen zubereitet werden.

Zubereitungszeit ca. 30 Minuten

Rhabarberkuchen mit Pudding

- Mehl, Backpulver, Butter, Zucker, Ei und Zitronensaft mit der Hand in einer Schüssel kneten.
- Eine halbe Stunde ruhen lassen.
- Rhabarber waschen, schälen und in 1 cm lange Stücke schneiden.
- In Wasser 3 Minuten dünsten.
- Milch, Vanillepudding, Staubzucker, Dickmilch, Butter und Eier unter den Rhabarber mischen.
- Den Teig ausrollen, aufs Backblech legen und mehrmals mit der Gabel Löcher stechen.
- Zuletzt mit der Rhabarbermasse belegen.
- Im vorgeheizten Backofen bei 200 °C ca. 40 Minuten backen.

Zubereitungszeit ca. 55 Minuten
Wartezeit ca. 30 Minuten

Zutaten für 4 Personen
180 g Mehl
1/4 TL Backpulver
80 g Butter
80 g Zucker
1 Ei
Saft einer Zitrone

400 g Rhabarberstangen
10 ml Wasser
125 ml Milch
1 P. Vanillepudding
80 g Staubzucker
70 ml Dickmilch
50 g Butter
2 Eier

Erdbeeren auf Milchreis

Zutaten für 2 Personen
375 ml Milch
200 g Rundkornreis
250 g Erdbeeren
1 EL Zucker
125 ml Obers
1 TL Staubzucker
Salz

- Die Milch in den Topf geben, etwas salzen, kurz aufkochen lassen und den Reis dazugeben.
- Bei kleiner Hitze ca. 20 Minuten garen. Öfter mal umrühren.
- Den Milchreis auskühlen lassen.
- In der Zwischenzeit die Erdbeeren putzen und waschen.
- Drei Viertel der Erdbeeren halbieren und mit dem Zucker mischen.
- Obers steif schlagen, den Staubzucker unterheben.
- Den kalten Milchreis in Gläser füllen, Erdbeerhälften und Obers schichtweise darübergeben.
- Mit den restlichen Erdbeeren garnieren.

Zubereitungszeit ca. 35 Minuten
Wartezeit ca. 20 Minuten

Erdbeeromelett

Zutaten für 2 Personen
250 g Erdbeeren
1 EL Zucker
1 P. Vanillezucker
1 EL Himbeersaft

Für den Teig
100 g Mehl
250 ml Milch
Salz
1 Ei
60 g Butter
Staubzucker zum Bestreuen

- Erdbeeren putzen und waschen.
- Die Hälfte davon mit Zucker, Vanillezucker und Himbeersaft mit dem Stabmixer zerkleinern. Die zweite Hälfte der Erdbeeren klein schneiden und unter die pürierten Erdbeeren rühren.
- Teig: Mehl, Milch, Salz und Ei mit dem Schneebesen zu einem Teig verrühren.
- In jeweils 30 g Butter 2 Omeletts ausbacken.
- Mit der Erdbeermasse füllen.
- Omeletts zusammenklappen und mit Staubzucker bestreuen.

Zubereitungszeit ca. 30 Minuten

Gebackene Erdbeeren

- Die Erdbeeren putzen und waschen.
- Mehl, Wasser und Salz mit dem Schneebesen zu einem Teig rühren.
- Die Erdbeeren in den Teig drücken und schwimmend in heißem Öl goldbraun backen (das Öl kann abgeseiht, kühl gestellt und wieder verwendet werden).
- Honig mit warmem Wasser verrühren und über die gebackenen Erdbeeren träufeln.

Zubereitungszeit ca. 20 Minuten

Zutaten für 2 Personen
10 Erdbeeren
80 g Mehl
250 g kaltes Wasser
Salz
400 ml Öl
2 EL Honig
etwas warmes Wasser

Ribiselstrauben

Zutaten für 2 Personen
100 g Mehl
1 Ei
250 ml Milch
1 P. Vanillezucker
Salz
200 g Ribisel am Stiel
300 ml Öl zum Ausbacken
Staubzucker zum Bestreuen

• Mehl, Ei, Milch, Vanillezucker und Salz zu einem Teig rühren.
• Die Ribisel waschen und trocken tupfen.
• Öl in der Pfanne heiß werden lassen.
• Die Ribisel in den Teig tauchen und schwimmend in Öl goldbraun backen (das Öl abseihen, kann wieder verwendet werden).
• Vor dem Servieren mit Staubzucker bestreuen.

Zubereitungszeit ca. 20 Minuten

Ribiselschmarren

Zutaten für 2 Personen
200 g Ribiseln
2 Eier
50 g Zucker
150 ml Milch
150 g Mehl
Salz
100 g Butter
Staubzucker zum Bestreuen

• Die Ribiseln waschen, abtropfen lassen und von den Rispen streifen.
• Eier mit Zucker schaumig schlagen, mit Milch, Mehl und Salz zu einem Teig rühren.
• Die Ribiseln daruntermischen.
• Die Butter in der Pfanne heiß werden lassen, die Schmarren-Masse eingießen und beidseitig backen, danach mit der Gabel zerreißen und goldbraun durchbacken. Anschließend warm stellen.
• Den Schmarren mit Staubzucker bestreuen und servieren.

Zubereitungszeit ca. 40 Minuten

Kirschauflauf

- Die Semmeln klein schneiden und in eine Schüssel geben.
- Milch, Eier, zerlassene Butter, geriebene Zitronenschale zusammen mit Zucker und Zimt verrühren, anschließend Obers unterrühren.
- Die Masse über die geschnittenen Semmeln geben und alles gut durchmischen.
- Die Kirschen waschen, abtrocknen, entsteinen und unter die Teigmasse heben.
- Eine Auflaufform ausbuttern und mit Bröseln bestreuen.
- Die Semmel-Kirsch-Masse in die Auflaufform füllen.
- Bei 140 °C ca. 45 Minuten im Backofen backen.
- Vor dem Servieren mit Staubzucker bestreuen.

Zubereitungszeit ca. 80 Minuten

Zutaten für 4 Personen
3 Semmeln
125 ml Milch
2 Eier
50 g Butter
Schale einer Zitrone
50 g Zucker
etwas Zimt
125 ml Obers
125 g Kirschen
Butter und Brösel für die Form
Staubzucker zum Bestreuen

Kirschmus

Zutaten für 2 Personen
500 ml Milch
1 Prise Salz
40 g Grieß
150 g entsteinte Kirschen
50 g Butter oder Margarine
Staubzucker zum Bestreuen

- Die Milch in die Pfanne geben, salzen und aufkochen lassen.
- Den Grieß mit einem Schneebesen in die kochende Milch einrühren und 3 Minuten langsam kochen lassen (falls die Masse zu hart wird, etwas Milch dazugeben).
- Die Pfanne von der Platte nehmen und die entsteinten Kirschen über das Mus verteilen.
- Butter zerlassen und darüberträufeln, mit Zucker bestreuen.

Zubereitungszeit ca. 15 Minuten

Heidelbeerküchlein

Zutaten für 2 Personen
200 g Mehl
250 ml Milch
Salz
1 Ei
200 g Heidelbeeren
Fett zum Ausbacken

- Mehl, Milch, Salz und Ei glatt rühren, die Heidelbeeren daruntermischen.
- Mit einem Löffel kleine Krapfen ausstechen, in heißem Fett ausbacken.
- Das Fett abseihen und in den Kühlschrank stellen. Kann noch weiterverwendet werden.

Zubereitungszeit ca. 25 Minuten

Obersreis mit Heidelbeeren

- Die Milch und Vanillezucker mit der Hälfte des Zuckers aufkochen, den Reis dazugeben und zugedeckt ca. 20 Minuten garen.
- Anschließend den Reis kalt stellen.
- Obers steif schlagen und unter den Reis rühren.
- Zwei Drittel der Heidelbeeren zusammen mit der zweiten Hälfte des Zuckers pürieren.
- Den Obersreis in eine weite Schale geben und schichtweise mit den pürierten Beeren anrichten.
- Mit den restlichen Heidelbeeren garnieren.

Zubereitungszeit ca. 35 Minuten

Zutaten für 2 Personen
250 ml Milch
1 P. Vanillezucker
100 g Zucker
100 g Rundkornreis
100 ml Obers
100 g Heidelbeeren

Heidelbeerpalatschinken

Zutaten für 2 Personen
150 g Mehl
370 ml Milch
2 Eier
Salz
200 g Heidelbeeren
80 g Butter zum Backen
Staubzucker zum Bestreuen

- Mehl mit Milch, Eiern und Salz mit dem Schneebesen verquirlen.
- Heidelbeeren waschen, verlesen, abtropfen lassen und unter den Teig ziehen.
- Ein Viertel der Butter in eine beschichtete Pfanne geben und zerlaufen lassen.
- Ein Viertel des Teiges hineingeben und eine Palatschinke backen.
- Auf eine vorgewärmte Platte gleiten lassen und warm stellen, mit dem restlichen Teig den Vorgang noch drei Mal wiederholen.
- Die Palatschinken auf einen Teller geben, einmal zusammenschlagen und vor dem Servieren mit Staubzucker bestreuen.

Zubereitungszeit ca. 30 Minuten

Topfennocken
auf Preiselbeermus

Zutaten für 2 Personen

Nocken
250 g Topfen
60 ml Obers
100 g Staubzucker
1 Msp. Zimt

Mus
100 g Preiselbeeren
50 g Staubzucker

- Für die Nocken den Topfen mit den übrigen Zutaten schaumig rühren.
- Für das Mus die Preiselbeeren mit dem Staubzucker vermischen und anschließend mit dem Stabmixer pürieren.
- Das Mus auf Tellern anrichten. Mit einem nassen Esslöffel kleine Nocken ausstechen und auf dem Mus gefällig platzieren.

Zubereitungszeit ca. 15 Minuten

Cranberry-Muffins

- Butter, Staubzucker und Eier in einer Schüssel schaumig rühren.
- Das Mehl mit dem Backpulver versieben und unter die Masse rühren, Milch dazugeben und zu einem glatten Teig verrühren. Zuletzt die Cranberries unterheben.
- Die Muffins-Förmchen jeweils ca. zur Hälfte mit Teig füllen und im vorgeheizten Backofen bei 170 °C ca. 30 Minuten backen.
- Vor dem Servieren mit Staubzucker bestreuen.

Zubereitungszeit ca. 45 Minuten

Zutaten für ca. 12 Muffins
200 g weiche Butter
360 g Staubzucker
4 Eier
240 g Vollkornmehl
240 g glattes Weizenmehl
1 P. Backpulver
200 ml Milch
300 g Cranberries*
(Moosbeeren)

* Cranberries sind im gut sortierten Lebensmittelfachhandel getrocknet erhältlich. Natürlich können Sie anstatt Cranberries auch frische Preiselbeeeren verwenden.

Apfelauflauf

Zutaten für 2 Personen
40 g Margarine
40 g Staubzucker
Zimt
Saft von 1 Zitrone
1 P. Vanillezucker
2 Eidotter
2 Eiklar
1 EL Rum
50 g Brösel
250 g Äpfel

- Margarine mit Zucker, Zimt, Zitronensaft und Vanillezucker schaumig rühren, die Eidotter nach und nach einrühren.
- Aus dem Eiklar einen steifen Schnee schlagen, Rum und Brösel dazugeben und unter die Dottermasse heben.
- Äpfel schälen, aushöhlen, klein schneiden und unter die Auflaufmasse mischen.
- Die Masse in eine bebutterte Auflaufform geben und im Backofen bei 200 °C ca. 40 Minuten backen.

Zubereitungszeit ca. 60 Minuten

Apfel-Nudel-Kreation

Zutaten für 2 Personen
250 g Mehl
10 g Germ
60 ml Milch
1 Ei
1 EL Staubzucker
70 g Butter
1 großer Apfel
125 ml Milch
Staubzucker und Zimt zum Bestreuen

- Mehl, Germ, Milch, Ei, Staubzucker und Butter mit dem Rührstab des Handrührers zu einem Teig verarbeiten.
- Den Teig anschließend an einem warmen Ort ca. 60 Minuten gehen lassen.
- Apfel schälen, das Kerngehäuse ausstechen und den Apfel in Scheiben schneiden.
- Die Milch in eine Auflaufform geben und die Apfelscheiben hineinlegen.
- Löffelgroße Nocken aus dem Teig stechen und auf die Apfelscheiben legen. Form in den Backofen geben und die Apfel-Nudel-Kreation bei ca. 150 °C etwa 30 Minuten backen.
- Die Kreation auf Tellern anrichten und vor dem Servieren mit Staubzucker und Zimt bestreuen.

Zubereitungszeit ca. 50 Minuten
Wartezeit ca. 60 Minuten

Scheiterhaufen

- Die Semmeln in Scheiben schneiden.
- Die Auflaufform ausbuttern.
- Die Äpfel schälen, vierteln entkernen und in feine Streifen schneiden.
- Die Hälfte der Semmelscheiben in die Auflaufform geben.
- Milch, Ei, Zimt, Staubzucker und Vanillezucker schlagen, die Hälfte davon in die Auflaufform über die Semmel gießen.
- Apfelstreifen, Rosinen und Zucker darüber verteilen.
- Die restlichen Semmelscheiben darüberschichten und mit der restlichen Milch-Ei-Mischung bedecken.
- Den Scheiterhaufen im Backofen bei 160 °C ca. 40 Minuten backen.
- Das Eiklar zu einem steifen Schnee schlagen und über den fertig gebackenen Scheiterhaufen geben. Mit Staubzucker überziehen.
- Den Scheiterhaufen noch einmal bei 160 °C in den Backofen geben, bis der Eischnee sich bräunlich färbt. Heiß servieren.

Zutaten für 2 Personen
3 Semmeln
Butter für die Form
2 Äpfel
125 ml Milch
1 Ei
1/4 TL Zimt
20 g Staubzucker
1 P. Vanillezucker
50 g Rosinen
30 g Zucker

Schneehaube
1 Eiklar
1 EL Staubzucker

Zubereitungszeit ca. 60 Minuten

Apfelnocken

Zutaten für 4 Personen
200 g Mehl
370 ml Milch
2 Eier
Salz
130 g Äpfel
30 g Butter
Staubzucker zum Bestreuen

- Mehl, Milch, Eier und Salz mit dem Schneebesen fein rühren.
- Die Äpfel schälen, achteln und vom Kerngehäuse befreien, in kleine Stücke schneiden und sofort unter den Teig heben.
- Die Hälfte der Butter in eine beschichtete Pfanne geben und zerlaufen lassen.
- Die Hälfte des Teiges in die Pfanne geben und bei mittlerer Hitze goldbraun backen, wenden und weiterbacken.
- Zuletzt mit zwei Gabeln in Stücke reißen, auf eine vorgewärmte Platte geben und warm stellen, bis die zweite Hälfte des Teiges verarbeitet ist.
- Mit der zweiten Hälfte des Teiges den Vorgang wiederholen.
- Vor dem Servieren mit Staubzucker bestreuen.

Zubereitungszeit ca. 35 Minuten

Erdäpfelwirler mit Birnen

Zutaten für 2 Personen
300 g Erdäpfel
100 g Mehl
Salz
200 g Birnen
80 g Butter
Staubzucker zum Bestreuen

- Die Erdäpfel in der Schale kochen, ca. 30 Minuten auskühlen lassen.
- Die Erdäpfel schälen und mit dem Reibeisen grob in eine Schüssel raspeln.
- Mehl und Salz mit einer Gabel daruntermischen.
- Die Birnen schälen, achteln und vom Kerngehäuse befreien, in kleine Stücke schneiden und sofort unter die Erdäpfelmasse heben.
- Die Butter in einer beschichteten Pfanne zergehen lassen.
- Die Erdäpfelmasse in die Pfanne geben und unter ständigem Rühren goldbraun backen.
- Den Wirler vor dem Servieren mit Staubzucker bestreuen.

Zubereitungszeit ca. 45 Minuten
Wartezeit ca. 30 Minuten

Wirler mit Apfelkompott

- Erdäpfel in Salzwasser weich kochen, schälen und passieren.
- Mit einer Gabel das Mehl mit etwas Salz daruntermischen, sacken lassen.
- Öl in einer Pfanne heiß werden lassen, die Erdäpfelmasse hineingeben und durchrösten, bis der Wirler goldgelb ist.
- Ein Stück Butter dazugeben und nochmals gut abrösten.
- Apfelkompott: Die Äpfel schälen, vierteln, die Kerngehäuse herausschneiden. Die Apfelspalten eventuell noch mal jeweils halbieren, mit Zucker und Zimtstange im Wasser nicht zu lange dünsten (sollen nicht zerfallen!). Die Zimtstange wieder entfernen.
- Wirler mit Apfelkompott anrichten.

Zubereitungszeit ca. 1 Stunde, 10 Minuten

Zutaten für 2 Personen
5 mittelgroße Erdäpfel
70 g Mehl
Salz
5 EL Öl
etwas Butter

Apfelkompott
2 Äpfel
2 EL Zucker
1 Zimtstange
250 ml Wasser

Süße Erdäpfel

Zutaten für 2 Personen
200 g Erdäpfel
2 Eier
125 ml Obers
50 g Zucker
50 g Rosinen
Margarine zum Backen
Staubzucker zum Bestreuen

- Die Erdäpfel kochen, schälen und durch die Erdäpfelpresse drücken, ca. 15 Minuten auskühlen lassen.
- Eier, Obers und Zucker untermengen. Rosinen unterheben.
- Margarine in der Pfanne zergehen lassen, die Hälfte der Erdäpfelmasse hineingeben, flach drücken.
- Bei kleiner Hitze beidseitig goldgelb backen, anschließend mit der Gabel zerpflücken, warm stellen.
- Den Vorgang mit der zweiten Hälfte der Masse wiederholen.
- Die Erdäpfel anrichten und mit Staubzucker bestreuen.

Zubereitungszeit ca. 40 Minuten
Wartezeit ca. 15 Minuten

Mohnnudeln

Zutaten für 2 Personen
200 g Erdäpfel
(am Vortag gekocht)
70 g Butter
80 g Mehl
1 Eidotter
30 g Grieß
1 Prise Salz
3/4 l Wasser

Zum Wälzen
30 g Butter
100 g geriebener Mohn
Staubzucker

- Die bereits am Vortag gekochten Erdäpfel schälen und durch die Erdäpfelpresse drücken.
- Mit Butter, Mehl, Eidotter, Grieß und Salz zu einem Teig verarbeiten.
- Aus dem Teig kleine Nudeln formen.
- Das Wasser in einem Topf zum Kochen bringen, die Nudeln hineingeben und 6 Minuten leicht köcheln lassen.
- Inzwischen die Butter in eine Pfanne geben und aufschäumen lassen, den Mohn darin abrösten.
- Die Nudeln abseihen und im gerösteten Mohn wälzen.
- Vor dem Servieren mit Staubzucker bestreuen.

Zubereitungszeit ca. 40 Minuten

Schupfnudeln mit Pflaumenröster

- Erdäpfel in der Schale kochen und ca. 30 Minuten auskühlen lassen.
- In der Zwischenzeit für den Pflaumenröster die Pflaumen waschen, entsteinen und klein schneiden.
- Wasser mit Zucker und Gewürznelken sowie den klein geschnittenen Pflaumen zustellen und 5 Minuten leicht köcheln lassen.
- Maizena in etwas kaltem Wasser anrühren und unter das Kompott rühren. Einmal kurz aufkochen lassen, abkühlen lassen und in Schälchen füllen.
- Die ausgekühlten Erdäpfel schälen und durch die Erdäpfelpresse drücken.
- Mit dem Ei, Grieß, Mehl und Salz einen Teig kneten.
- Aus dem Teig kleine Nudeln formen, in kochendes Salzwasser geben und kurz aufkochen lassen.
- Die Nudeln 10 Minuten ziehen lassen, abseihen und in Butter goldbraun backen.
- Mit Zucker und Zimt bestreuen und mit Pflaumenröster servieren.

Zubereitungszeit ca. 60 Minuten

Zutaten für 2 Personen
300 g Erdäpfel
1 Ei
40 g Grieß
2 EL Mehl
Salz
80 g Butter
Staubzucker und Zimt zum Bestreuen

Pflaumenröster
250 g Pflaumen
250 ml Wasser
50 g Zucker
3 Gewürznelken
1 TL Maisstärke

Vanilleeis mit Orangen-Karamell-Sauce

- Butter in einer Pfanne heiß werden lassen, den Zucker darin bräunen.
- Mit dem Orangensaft ablöschen, Obers unterrühren.
- Die Orange schälen, dabei die weiße Haut vollständig entfernen.
- Anschließend die Filets zwischen den Trennhäuten herausschneiden und die Fruchtstückchen in die Sauce geben.
- Je 1 Kugel Vanilleeis auf einem gekühlten Teller anrichten, mit Orangenfilets, Orangen-Karamell-Sauce und Schlagobers gefällig dekorieren.

Zutaten für 2 Personen
10 g Butter
80 g Zucker
Saft von 1 Orange
100 g Obers
1 Orange
2 Kugeln Vanilleeis

Zubereitungszeit ca. 15 Minuten

Orangencreme Mona

- Das Eiklar zu Schnee schlagen, die Hälfte des Staubzuckers vorsichtig unterheben.
- Die Eier aufschlagen und mit der zweiten Hälfte des Staubzuckers in einen Topf geben und schaumig schlagen.
- Den Orangensaft dazugeben und bei kleiner Hitze die Masse weiter schaumig schlagen. Nicht zum Kochen bringen!
- Den Topf von der Platte nehmen und den Schnee unter die Masse heben.
- In Gläser füllen und jeweils mit einer Orangenscheibe garnieren.

Zutaten für 2 Personen
2 Eiklar
60 g Staubzucker
2 Eier
250 ml Orangensaft
Orangenscheiben zum Garnieren

Zubereitungszeit ca. 20 Minuten

Orangencreme

- Die Orangen heiß waschen und abtrocknen, die Schalen bis auf das Weiße fein abreiben.
- Die Orangen auspressen, den Saft mit Staubzucker, der abgeriebenen Orangenschale und Marmelade aufkochen, anschließend kalt stellen.
- Die Orangencreme in Glasschalen füllen, danach den Eierlikör über die Orangencreme gießen.

Zutaten für 2 Personen
2 Orangen
30 g Staubzucker
30 g Orangenmarmelade
2 EL Eierlikör

Zubereitungszeit ca. 15 Minuten

Limettenauflauf

Zutaten für 2 Personen
3 Eier
2 Limetten
60 g Staubzucker
1 Msp. Erdäpfelstärke
Butter und Mehl für die Form
Staubzucker zum Bestreuen

- Die Eier trennen.
- Die Limetten heiß waschen und abtrocknen, die Schalen bis auf das Weiße fein abreiben.
- Die Limetten auspressen, den Saft mit der geriebenen Schale, Eidotter und Staubzucker 10 Minuten schlagen.
- Das Eiklar zu einem steifen Schnee schlagen und zusammen mit der Erdäpfelstärke unter die Limettenmasse heben.
- Auflaufform ausbuttern und mit Mehl stauben.
- Die Masse in die Auflaufform geben und im Backofen bei 160 °C ca. 20 Minuten backen.
- Vor dem Servieren mit Staubzucker bestreuen.

Zubereitungszeit ca. 40 Minuten

Schwedenbombencreme

Zutaten für 2 Personen
250 g Topfen
70 g Staubzucker
3 EL Obers
1 EL Rum
2 Schwedenbomben

- Topfen mit Zucker, Obers und Rum in eine Schüssel geben und mit dem Handmixer zu einer schaumigen Creme aufschlagen.
- Den Boden von den Schwedenbomben abschneiden, das Obere der Schwedenbomben mit der Creme verrühren.
- In Glasschalen dekorativ anrichten und servieren.

Zubereitungszeit ca. 15 Minuten

Mangogratin

- Die Mango schälen und in Scheiben schneiden.
- Mangoscheiben in die bebutterte Auflaufform hineinschichten.
- Joghurt, Ei, Zimt und Zucker verquirlen, über die Mangoscheiben gießen und im Backofen bei 180 °C ca. 20 Minuten backen.

Zubereitungszeit ca. 30 Minuten

Zutaten für 2 Personen
1 Mango
Margarine für die Form
100 g Joghurt
1 Ei
1 Msp. Zimt
2 EL Zucker

Holunderkompott

Zutaten für 2 Personen
250 g Holunderbeeren
etwas Wasser
150 g Staubzucker
1/4 TL Zimt
125 ml Obers
1 EL Stärkemehl

• Die Beeren in Wasser mit Staubzucker und Zimt weich kochen.
• Das Stärkemehl mit Obers anrühren und unter das Kompott mischen.
• Kalt servieren.

Zubereitungszeit ca. 15 Minuten

Rhabarbermus

Zutaten für 2 Personen
250 g Rhabarberstangen
etwas Wasser
100 g Zucker
1 P. Vanillezucker
2 Eiklar

• Rhabarber waschen, schälen und in 1 cm lange Stücke schneiden.
• Die Rhabarberstücke in Wasser gar dünsten, anschließend mit dem Stabmixer pürieren.
• Die Rhabarbermasse mit Zucker verrühren.
• Die Eiklar steif schlagen, Vanillezucker unterheben und unter die Rhabarbermasse mischen.
• Das Rhabarbermus in zwei Schüsselchen geben und ca. 30 Minuten kalt stellen.

Zubereitungszeit ca. 15 Minuten
Wartezeit ca. 30 Minuten

Vanillepudding auf Erdbeermus

- 50 ml Milch in eine Schale geben und mit dem Puddingpulver verrühren.
- Die restliche Milch in einen Topf geben und aufkochen lassen.
- Die angerührte Puddingmischung mit einem Schneebesen in die kochende Milch einrühren und einmal kurz und kräftig aufkochen lassen, den Zucker hinzufügen.
- Die Puddingformen mit kaltem Wasser ausspülen, die heiße Puddingmasse einfüllen.
- Für das Erdbeermus die Erdbeeren waschen und putzen, anschließend mit Wasser und Staubzucker vermischen und mit dem Stabmixer pürieren.
- Den erkalteten Pudding auf Dessertteller stürzen und mit Erdbeermus und geviertelten Erdbeeren garnieren.

Zubereitung ca. 15 Minuten
Wartezeit ca. 20 Minuten

Zutaten für 2 Personen
Vanillepudding
250 ml Milch
1/2 P. Puddingpulver mit Vanillegeschmack
1 1/2 EL Zucker

Erdbeermus
200 g Erdbeeren
65 ml Wasser
30 g Staubzucker

Einige schöne Erdbeeren zum Garnieren

Erdbeertörtchen

Zutaten für 2 Personen
250 g Erdbeeren
40 g Zucker
1 P. Vanillezucker
1 P. rote Gelatine
kaltes Wasser
125 ml Obers

- Erdbeeren putzen und waschen und bis auf 4 bis 6 Stück pürieren, mit Zucker und Vanillezucker verrühren.
- Gelatine in kaltem Wasser auflösen, ausdrücken und in einem Topf erwärmen.
- Die Gelatine unter die Erdbeermasse rühren.
- In mit kaltem Wasser ausgespülte Formen füllen.
- 2 Stunden in den Kühlschrank stellen, anschließend auf Teller stürzen und mit steif geschlagenem Obers und den zurückbehaltenen Erdbeeren verzieren.

Arbeitszeit ca. 15 Minuten
Wartezeit ca. 2 Stunden

Kirschcreme

Zutaten für 2 Personen
1 P. Puddingpulver mit Vanillegeschmack
50 g Zucker
375 ml Fruchtsaft von Kirschen aus dem Glas
20 g Butter oder Margarine
150 g entsteinte Kirschen aus dem Glas

- Das Puddingpulver in eine Schale geben und mit dem Zucker und 50 ml Fruchtsaft verrühren.
- Den restlichen Fruchtsaft in einen Topf geben und aufkochen lassen.
- Die angerührte Crememischung mit einem Schneebesen in den kochenden Fruchtsaft einrühren und einmal kurz und kräftig aufkochen lassen.
- Die Creme während des Erkaltens gut rühren, damit sich keine Haut bildet.
- Die Butter schaumig rühren, der Creme hinzufügen und mit dem Mixer untermischen.
- Zuletzt die Kirschen unterheben.

Zubereitungszeit ca. 15 Minuten

Himbeerschale

- Himbeeren vorsichtig waschen, abtropfen lassen und verlesen.
- Zitronensaft und Staubzucker unter die Himbeeren ziehen.
- Den Topfen mit der Hälfte des Obers und dem Vanillezucker aufschlagen.
- Zuletzt den Honig und den Eierlikör unterrühren.
- Himbeeren und Topfenmasse abwechselnd in Schälchen schichten.
- Restliches Obers steif schlagen und die Creme garnieren.

Zubereitungszeit ca. 15 Minuten

Zutaten für 2 Personen
150 g Himbeeren
10 ml Zitronensaft
20 g Staubzucker
150 g Topfen
125 ml Obers
1 P. Vanillezucker
1 EL Honig
1 EL Eierlikör

Himbeer-Joghurt-Dessert

Zutaten für 2 Personen
150 g frische Himbeeren
250 g Topfen
250 ml Joghurt
100 g Staubzucker
1 EL Rum

- Himbeeren vorsichtig waschen, abtropfen lassen und verlesen.
- Topfen mit Joghurt, Staubzucker und Rum schaumig rühren.
- Drei Viertel der Himbeeren vorsichtig unterheben.
- Anschließend in Schälchen füllen und mit dem Rest der Himbeeren garnieren.

Zubereitungszeit ca. 15 Minuten

Himbeercreme

Zutaten für 2 Personen
2 Blatt Gelatine
kaltes Wasser
200 g Himbeeren
20 g Zucker
2 EL Zitronensaft
250 ml Obers

- Gelatine in kaltem Wasser einweichen
- Himbeeren vorsichtig waschen, abtropfen lassen und verlesen, mit Zucker und Zitronensaft mischen und mit dem Stabmixer zerkleinern.
- Gelatine ausdrücken, in einem Topf bei kleiner Hitze auflösen und unter die Creme rühren.
- Obers steif schlagen und unter die Creme heben.
- Die Himbeercreme in Schälchen füllen und mit einigen zurückbehaltenen Himbeeren garnieren.

Zubereitungszeit ca. 15 Minuten

Besoffene Birnen

Zutaten für 2 Personen
2 reife Birnen
Saft einer 1/2 Zitrone
250 ml Rotwein
50 g Zucker
100 g Obers

- Die Birnen im Ganzen schälen, mit Zitronensaft einreiben und in einen hohen Topf geben.
- Den Wein mit dem Zucker verrühren und über die Birnen gießen.
- Kurz aufkochen und bei milder Hitze 15 Minuten leicht köcheln lassen.
- Obers steif schlagen.
- Besoffene Birnen in Glasschalen füllen und mit Obers garnieren.

Zubereitungszeit ca. 25 Minuten

Cremenockerln mit gedünsteter Birne

- Topfen, Orangensaft, Staubzucker und Kakao cremig glatt rühren.
- Die Birnen schälen, teilen und vom Kerngehäuse befreien.
- Das Wasser mit dem Zucker kurz zum Kochen bringen, die Birnenhälften darin weich dünsten.
- Die Birnenhälften in eine Schale legen und mit der Topfencreme anrichten.
- Vor dem Servieren mit Schokoraspeln bestreuen.

Zutaten für 2 Personen
250 g Topfen
6 ml Orangensaft
50 g Staubzucker
1 EL Kakao
150 g Birnen
125 ml Wasser
2 TL Zucker
20 g Schokoraspeln

Zubereitungszeit ca. 15 Minuten

Marillendotsch

Zutaten für 2 Personen
10 g Rosinen
2 EL Rum
200 g älteres Weißbrot
250 ml Obers
150 g Marillen
50 g Staubzucker
50 g Bitterschokolade

- Die Rosinen mit Rum beträufeln.
- Das Brot klein schneiden, in eine Schüssel geben, die Hälfte des Schlagobers darüber verteilen.
- Marillen waschen, entsteinen und klein schneiden, zusammen mit den Rosinen unter die Brotmasse mischen.
- Die zweite Hälfte des Obers schlagen und den Staubzucker unterrühren.
- Den Dotsch in eine Form schichten, geschlagenes Obers darüber verteilen.
- Die Schokolade mit dem Reibeisen reiben und über das Schlagobers streuen.

Zubereitungszeit ca. 20 Minuten

Pfirsich in Weinsauce

Zutaten für 2 Personen
200 g Pfirsiche
1 Zimtstange
250 ml Rotwein
2 EL Weinbrand
2 EL Zucker
etwas Wasser

- Die Pfirsiche kurz in kochendes Wasser legen, kalt abschrecken und häuten. Anschließend halbieren und entsteinen.
- Die Pfirsichhälften nebeneinander in einen Topf setzen.
- Die Zimtstange auf die Pfirsichhälften legen.
- Rotwein und Weinbrand zusammen mit dem Zucker in einer Schüssel verrühren, anschließend die Sauce über die Pfirsichhälften gießen.
- Mit Wasser aufgießen, bis die Pfirsiche bedeckt sind und 10 Minuten weich dünsten.

Zubereitungszeit ca. 25 Minuten

Ananascreme

- Den Topfen mit Staubzucker und dem Fruchtsaft schaumig rühren.
- Gewürfelte Ananas daruntermischen
- In Schälchen anrichten und mit Schokoraspeln bestreuen.

Zubereitungszeit ca. 10 Minuten

Zutaten für 2 Personen
250 g Topfen
70 g Staubzucker
1 EL Ananassaft oder Saft einer halben Zitrone
150 g Ananaswürfel
20 g Schokoraspeln

Creme mit Waldbeeren

Zutaten für 2 Personen
200 g Waldbeeren
80 g Zucker
1 Ei
20 g Staubzucker
6 ml Zitronensaft
6 ml Eierlikör
250 ml Obers
1 P. Sahnesteif
20 g Schokoraspeln

- Die Beeren waschen und zuckern.
- Das Ei zusammen mit dem Staubzucker, Zitronensaft und Eierlikör schaumig rühren.
- Obers mit Sahnesteif so lange schlagen, bis es steif ist.
- Anschließend das Obers unter die Eiermasse heben.
- Beeren und Eiermasse schichtweise in Schälchen füllen.
- Mit Schokoraspeln bestreuen.

Zubereitungszeit ca. 20 Minuten

Beeren mit Schaumsauce

Zutaten für 2 Personen
250 g gemischte Beeren
100 g Zucker
1 Eidotter
1/2 EL Rum

- Die Beeren waschen, abtropfen lassen und mit der Hälfte des Zuckers bestreuen.
- Den Eidotter mit der zweiten Hälfte des Zuckers schaumig rühren, bis ein weißlicher Schaum entsteht.
- Den Rum unter die Schaumsauce rühren.
- Die Beeren in zwei Gläser füllen, vor dem Servieren die Schaumsauce darübergeben.

Zubereitungszeit ca. 15 Minuten

Milchcreme

Zutaten für 2 Personen
2 Blatt Gelatine
kaltes Wasser
2 Eidotter
1 EL Zucker
1 P. Vanillezucker
1 EL Zitronensaft
125 ml Dickmilch
70 ml Obers
Obst oder Beeren nach Wahl
zum Garnieren

- Gelatine in kaltem Wasser einweichen.
- Eidotter mit Zucker, Vanillezucker und Zitronensaft schaumig rühren.
- Die Gelatine ausdrücken und in einem kleinen Topf bei mittlerer Hitze zum Schmelzen bringen, anschließend unter die Eidottermasse rühren.
- Zuletzt die Dickmilch unterrühren.
- Die Masse 30 Minuten in den Kühlschrank stellen.
- Obers steif schlagen und unter die Masse heben.
- Die Milchcreme in Schälchen füllen und mit Obst oder Beeren garnieren.

Zubereitungszeit ca. 30 Minuten
Wartezeit ca. 30 Minuten

Orangenparfait

- Gelatine in kaltem Wasser einweichen.
- Orangensaft und Staubzucker in einem Topf erhitzen.
- Die ausgedrückte Gelatine in den heißen Orangensaft geben und auflösen, anschließend kalt stellen.
- Obers steif schlagen, die Eiklar ebenfalls steif schlagen.
- Obers und Eischnee unter die Creme rühren.
- 2 Stunden kalt stellen.
- In Schälchen füllen und mit Orangenscheiben garnieren.

Zubereitungszeit ca. 25 Minuten
Wartezeit ca. 2 Stunden, 15 Minuten

Zutaten für 2 Personen
3 Blatt Gelatine
kaltes Wasser
250 ml Orangensaft
2 EL Staubzucker
125 ml Obers
2 Eiklar
Orangenscheiben zum Garnieren

Zwiebackschale

Zutaten für 2 Personen
1 großer Apfel
125 ml Wasser
1 Gewürznelke
50 g Zucker
100 g Zwieback
(oder altbackenes Weißbrot)
50 g Butter
20 g Zucker
125 ml Obers

- Den Apfel schälen, vierteln, entkernen und würfelig schneiden.
- Das Wasser aufkochen lassen, Nelke, Zucker und Apfelstückchen hineingeben und weich dünsten.
- Den Zwieback in 1 cm große Stücke brechen.
- Die Butter in einer Pfanne aufschäumen lassen, den Zwieback mit dem Zucker goldgelb rösten.
- Das Apfelmus unter die Zwiebackmasse rühren, anschließend auskühlen lassen.
- Obers steif schlagen.
- Das Zwieback-Apfel-Gemisch und die Hälfte des Schlagobers schichtweise in Glasschalen füllen. Mit der zweiten Hälfte des Schlagobers garnieren.

Zubereitungszeit ca. 25 Minuten
Wartezeit ca. 15 Minuten

Erdäpfelküchlein
(„Tatschi") mit Äpfeln

Zutaten für 2 Personen
1/4 P. Germ
250 ml Milch
250 g Erdäpfel
250 g Mehl
Salz
1 Ei
1 EL Zucker
150 g Äpfel
250 ml Öl zum Ausbacken

- Die Germ in 125 ml warmer Milch glatt rühren, 15 Minuten gehen lassen.
- Die Erdäpfel schälen und fein reiben.
- Mit der Hand ausdrücken und in eine Schüssel geben.
- Mehl, Salz, Ei, Zucker, die aufgegangene Germ und den Rest Milch daruntermischen.
- Die Äpfel schälen, achteln und vom Kerngehäuse befreien, in kleine Stücke schneiden und sofort unter den Teig heben. Alles mit dem Kochlöffel gut mischen.
- 1 Stunde an einem warmen Ort gehen lassen.
- Das Öl in der Pfanne heiß werden lassen und löffelgroße Häufchen darin goldbraun backen.

Zubereitungszeit ca. 35 Minuten
Wartezeit ca. 1 Stunde, 15 Minuten

Geeister Kaffee

- Den Zucker mit dem Wasser 5 Minuten kochen lassen, Zuckersirup abkühlen lassen.
- Den Kaffee in den Sirup gießen und verrühren, auskühlen lassen und in Gläser füllen.
- Für einige Zeit in den Gefrierschrank stellen, immer wieder gut umrühren.
- Obers steif schlagen und den geeisten Kaffee damit verzieren.

Zutaten für 2 Personen
2 EL Zucker
250 ml Wasser
200 ml sehr starker Kaffee
100 ml Obers

Zubereitungszeit ca. 10 Minuten
Wartezeit ca. 2 Stunden

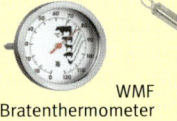